资深HR教你轻松拿到OFFER

姚 强◎著
Yao Qiang

中国铁道出版社有限公司
CHINA RAILWAY PUBLISHING HOUSE CO., LTD.

内 容 简 介

本书作者拥有超过10年的人力资源工作经验，以HR的视角告诉求职者，HR如何筛选简历、HR面试时询问的重点及背后的深意、名企青睐的人才应具备什么素质、名企从选人到用人的工作流程是什么。

在职场中奔波的求职者，通过阅读本书可以学习到如何进行职业规划、如何获得名企的实习机会、如何近距离接触名企HR、如何提炼简历中的闪光点、如何获得名企的面试机会、如何在竞争激烈的面试中胜出、如何正确选择Offer。

本书既解答了求职者关心的若干问题，帮助求职者顺利获得Offer，也从自我发展的角度引领求职者选择具有发展空间的职业路径，获得更长远的发展。

图书在版编目（CIP）数据

资深HR教你轻松拿到offer/ 姚强著 .—北京：中国铁道出版社，2019.3（2022.1重印）

ISBN 978-7-113-25173-4

Ⅰ . ①资… Ⅱ . ①姚… Ⅲ . ①职业选择 Ⅳ . ① C913.2

中国版本图书馆CIP数据核字（2018）第268476号

书　　名：资深HR教你轻松拿到Offer
作　　者：姚　强

责任编辑：张亚慧　　编辑部电话：（010）51873035　　邮箱：lampard@vip.163.com
封面设计：MXK DESIGN STUDIO
责任印制：赵星辰

出版发行：中国铁道出版社有限公司（100054，北京市西城区右安门西街8号）
印　　刷：佳兴达印刷（天津）有限公司
版　　次：2019年3月第1版　2022年1月第2次印刷
开　　本：700 mm×1 000 mm 1/16　印张：14.5　字数：181千
书　　号：ISBN 978-7-113-25173-4
定　　价：49.00元

推荐序

FOREWORD

改变世界，服务社会

2018 年是中国改革开放的四十周年，作为一名“70”后，我见证了中国改革所带来的翻天覆地的变化，亲历了中国城市化的变迁，看到了国人教育水平的稳步提升。也正是由于祖国建设和经济发展的愈发繁荣，才造就了当今充满活力的就业市场。

在 1995 年之前，大学毕业生都是“包分配”的，那会儿的大学生是天之骄子，现在有很多人跟我讲，要是放在以前多好，就没有找工作的烦恼了。但在我看来，要特别感谢时代的发展，也正是由于这种发展，才使得现在的年轻人有机会去自主择业，而我创建的 58 同城，正是搭建了这样一个生活服务平台，提供各类找工作、找房子的业务，通过实际行动让人们的生活简单美好。

现如今，中国每年有 800 多万名大学生从朗朗读书声的象牙塔走向社会，而中国作为全球最具活力的经济体之一，有充足的就业机会等待着大家，当然，竞争也愈发激烈。

如果你想在竞争中抢得先机，如果你想将更好的自己展现在世界面前，我推荐你阅读这本书，它或许不能完全解决你所存有的疑惑，但或许会让你更加坚定且清晰前面的道路。衷心祝愿每一位正在看书的你“to change the world，to serve the society”。

58 集团 CEO

姚劲波

推荐序

FOREWORD

找工作做一个“有学有术”之人

再著名的公司，都会有能力一般的员工，那么他们是怎么进去的呢？不要说有关系，靠拼爹，一定还有其他原因。他们考试成绩不如你，综合能力不如你，甚至长得都没你好看，可他们为什么能进去？因为他们比你会应聘。所以，如果我们所学的专业不是家家公司都争抢的稀缺专业，那么学会如何应聘才是当务之急，因为你本来就很优秀。

就像很多聪明绝顶的人并不是万人迷一样，智商和情商这本是两个领域，只有少数人才能有机会兼而有之。所以，是时候在努力学习或者愉快玩耍了四年抑或六年甚至更长时间后，好好琢磨一下如何才能让自己更招人喜欢这件事情了。

社会节奏就是这么快，领导就是这么忙，没人愿意静静地坐下来和你谈心，这个你我都左右不了，所以让招聘官一下子就看到你的优点的重要性就不用多说了。

找工作不要做一个“不学无术”之人，而是做一个“有学有术”之人，“学”这一层面是指，即使你门门学科都名列前茅，但是仍需要了解行业发展的现状不做井底之蛙，学习做人基本的原则和人性中的美德，学会交朋友……而“术”这一层面则是如何取长补短、招人喜欢的技巧。

当然，社会有时也会跑偏，作为势单力薄的个体难免不被其裹挟，你会勉强自己接受不习惯的样子，你会努力装作和大家一样，可千万不要贬低自己、放弃自己，坚信自己是独特而令人骄傲的，成为更好的自己，你做好准备了吗？

北京广播电台职场帮帮团主持人　李湘麓

前言

PREFACE

关于毕业和找工作，我想对你说

借着前言，我想与大家分享我的经历，我的感受，可能有些长，但是，却字字扎心。

每一代人都会被打上时代的标签

我是一个 80 后，那时候媒体上的字眼是“80 后是垮掉的一代”。每一个在改革开放之后出生的人，既享受了这个时代带来的各种物质福利，又失去了计划经济时代的各种照顾，比如分房和保就业等。

80 年代后期出生的人经历了大规模的大学扩招，这让大多数 80 后都有机会享受大学教育，同时也意味着从前稀缺的大学生变得十分普遍，找工作变成一件很困难的事情。

很多 80 后都是家里的独生子女，享受了两代人的专宠，也承担着照料几个老人的重任。

如今这样的标签不约而同地用在 90 后和 00 后的身上，长辈都用一种居高临下的态度和 90 后们进行交流，比如“我是为你好”“这些都是我经历过的”，等等，殊不知这在过去也曾是80后最厌烦的论调。我从来不赞成用简单粗暴的词语给某一代人打上标签，我认识很多90后和00后都非常优秀，有责任心且志存高远，并且不会被别人的标签定义自己的人生。

我是一个标准“北漂”

2006年大学毕业后，我拖着行囊独自来到北京工作，有两件事，给我留下了尤为深刻的印象。

第一件事是初到北京的我，带了三件大行李：一个箱子、一个背包、一个特别沉的袋子。我清晰地记得我要去北京西站的北二出口，但是从我下车到北二出口至少需要走二十几分钟，中间有N个“小红帽”（帮助旅客搬运行李的工作人员）问我需不需要行李服务，他们能够帮我把行李拖到北二出口，代价是支付10元。但是我舍不得这10元，就自己一步一步把行李拖到了目的地。

第二件事是在北京的第一年我搬了四五次家。那时候找房子不像现在可以在网上搜寻信息，而是去你想租房子的地区附近的电线杆上、树上寻找各类广告信息。至于我搬家这么多次的原因，要么就是房东要卖房了，要么就是合租的人换了新工作，而我无法独自承担房租，所以，每当看着我现在的衣柜时，很难想象当时我怎么能够一小时就打包好所有的家当。

这些经历都成为我宝贵的财富，现在毕业的90后可能也会遇到同样的窘境，但你会发现，离开父母的你远比自己想象中的更强大。

工作会给你公平的回报

很多时候我们都会抱怨命运的不公，比如为什么我会出生在农村？为什么父母只是普通人？为什么没有遇见爱自己的人？不可否认，如果真的有一座天平，可能也衡量不出世间的公平。但是，当我们逐渐长大，我们会发现这个世界上依然有很多公平的事情存在，比如高考、工作。

如今在中国，大多数公司的员工都是以市场化的方式招募进来的，在进公司前大家相互并不认识，让你获得认可的标准只有一件事——绩效。我身边有很多做到高管的朋友，他们也是从最基层开始。他们之所以能做到理想的职位，不是因为他们的出身，也不是因为他们的学历，而是因为他们参加工作之后常年兢兢业业的努力和积累。这些默默的积累和准备，才会让机会看似幸运地降临在他们的身上。所以，坚持努力和积极向上对于年轻人来说弥足珍贵。

正如电影《无问西东》中的一段台词“愿你在被打击时，记起你的珍贵，抵抗恶意；愿你在迷茫时，坚信你的珍贵。爱你所爱，行你所行，听从你心，无问西东。”

为什么要写这本书呢

在过去十几年里我一直都在做一件事情，就是招聘。每天我都在与企业和求职者互动，从月薪 3 000 元到年薪上百万的求职者，从公司前台到企业的 CEO，从中国的北京、上海、成都等城市到大洋彼岸的美国、巴西、印度，从高职中专的学生到北大清华和海外求学归来的学子……不论是哪一种求职者，对于求职都是慎重且带着疑惑的。在写作本书之前，我做过一次问卷调查，对象包括从中专到博士学历的学生，每个学生的困惑其实在本质上是一样的，北大清华的学子也一样会为如何找到一份好工作而焦虑。

今天的大学生不再有“稀缺”属性。我们经常会看到一些新闻，在毕业季的时候几万名学生在广场排队找工作，有时天气很恶劣，他们依然坚持在外面排队。我也亲眼见过 HR 将一份看起来“丰满”、包装很精致（最好的纸张、彩打、价格不菲的封皮）的简历扔进垃圾桶。

同时，经常会有刚毕业的学生找到我，他们有很多关于就业方面的困惑，比如大学生毕业该不该创业？我该去大公司还是小公司？我该留在一线城市还是回到我的家乡？我该找一份我喜欢的工作还是去父母安排的单位工作？我找到了工作依然养不起自己该怎么办？我该怎样包装我的简历？我大学很普通，怎样才能在名企找到工作？

这些问题让我萌生了撰写此书的念头。很多来找我咨询的学生非常优秀，充满活力，充满对未来的期待，却因为缺乏指导而对未来充满迷茫。在问卷调查里，我发现现在依然有很多学校没有开设过求职指导或职业规划方面的课程，即使有，很多也流于形式，更像是心理疏导课，而不是真正的就业指导，而很多老师可能一毕业就在学校工作，一生都不曾有过就业求职的经历，更谈不上正确指导学生了。

所以，就业对于学生来说总有一层“窗户纸”，很想知道里面真正的样子，却总也看不清。于是，我决定在本书中，将过去多年工作中面试大学生的经验总结出来，抽丝剥茧，从职场的起源，从踏出校门的那一刻开始，揭开将要伴随我们一生的工作的神秘面纱。这本书将从职业心态入手，用最接地气的方式告诉大学生该如何准备简历、如何接招各种形式的面试、如何从实习开始准备、如何扬长避短，用自己的优势竞争。

希望本书能实实在在地帮助到每一个真心求职的学子，少走弯路，把时间花在有价值的准备上，最终找到一份心仪的工作。

此书在准备过程中得到了诸多知名企业（携程、民生银行、58同城、华为等）HR的帮助，大家贡献了大量的真实案例与甄选求职者过程中的真实声音，在此感谢他们对于学生就业工作的关注与本书的全力支持。

姚 强
2018年12月

目录

CONTENTS

第 6 章 职场练兵场——搞定面试官 / 133

第 7 章 完美避开面试陷阱 / 167

第 1 章

职业规划要趁早，提前准备很重要

成功的职业规划不在于制订的规划多么完美，而在于通过职业规划帮助你设定合理的职业发展路径。

从现在开始，我以我的好朋友小 X 和小 Y 为例，帮助你了解职业规划，了解如何利用专业的测评了解自我、分析自我，如何制订合理的短期职业规划。最后，带着你和我的朋友小 F 制订一份适合你们自己的职业规划。

1.1 职业规划与其三要素

很多人认为职位规划没有用，总觉得计划赶不上变化快，所以，干脆就不做职业规划。其实，职业规划非常重要，它不但对每个人的择业、就业会产生很大的影响，而且会对人生方向产生影响，若是不注重职业规划，往往会导致机会已经降临到你的面前，你却一次次错失。

那么，什么是职业规划？我相信很多人对这个问题的答案都是模糊的。

根据中国职业规划师协会的定义，职业规划是对职业生涯乃至人生进行持续系统的计划过程，它包括职业定位、目标设定和通道设计三个要素。

1. 职业定位

职业定位就是清晰地明确一个人在职业生涯上的发展方向，它是每个人在职业生涯发展历程中的战略性问题，也是根本性问题。

职业定位有三层含义：一是确定你是谁；二是分析你擅长做什么工作；三是根据自己的爱好、特长、能力以及个性将自己放在一个合适的工作岗位上。

所以，职业定位意味着你今后要从事的职业类型和职业方向，具有主观性质，但也必须切合实际。

2. 目标设定

目标设定是指职业目标的确定，一般是在大学期间确立，进入职场是实现目标的过程，允许根据环境的变化对目标进行修正，但是，不要随意改变最终目标，防止产生毫无准备的情况。

3. 通道设计

通道设计也就是需要你亲力亲为地规划你的职业，对自己的职业做出理性决策后，再制订出未来职业发展的具体计划。

从职业规划的三要素中我们能够看出职业规划对于每个人职业发展的重要性，而若是把目光放得长远一些，职业规划还有实现人生梦想和价值的作用。

当然，职业规划也是在不断探索自我中寻找与修正的，是需要用行动去证明、去实践的，并且在职业规划的实践过程中要不断调整。

最重要的是，要保持一颗坚定不移的心，才能实现自己的梦想。这虽然是一个漫长的过程，但坚持就会获得成功。

1.2 职业规划不能犯上拖延症

很多大学生认为，职业规划应该从大四开始，殊不知，大四开始进行职业规划与大二或者大三开始进行职业规划之间有着巨大的差距，无论是从思想准备上还是从行动上，大四开始做职业规划都不如大二或大三开始做职业规划。

大四才开始做职业规划，真的有点晚了！

人生的选择，就好比站在十字路口该选择哪个方向一样，在选择迈出的方向之前，一定要知道你选择这个方向的原因，要知道迈向这个方向之后你能到达什么地点。

职业规划也是如此。对于万千大学生来说，站在将要就业的十字路口，该往哪个方向迈出第一步，在行动之前就应该做出明确的选择，并制订出今后如何走好这条路以及该走向哪里的规划。建议大学生的职业规划从大二或大三开始。

若是万千大学生像小X一样，到了大四才知道自己想要从事的行业，才开始做职业规划，优势绝对小于从大三就开始做职业规划的小Y。

我认为在大二或大三开始做职业规划有下面三点“看得见”的好处，也是进行职业规划前的必备三要素。

（1）丰富知识，即利用大三和大四这两年学习相关专业的知识，考取相关证件，不断提高自己的知识能力。

（2）获取最新消息，即在大三和大四的这两年可时刻关注行业动向，参加各种校园招聘会，获得第一手材料，丰富自己的经验，以免在今后的求职道路上因紧张和没有信息而迷茫。

（3）积累人际关系资源，一是父母以及父母朋友；二是学长以及学长的朋友；三是通过参加校园招聘会结识行业中的朋友。

有些大学生会利用大二或者大三的宝贵时间选择短期的校外兼职，如果兼职工作能与未来的职业规划结合起来就是锦上添花了。但是，在现实中校内很多短期兼职，大多数是对技能要求较低的体力劳动，对未来职场打拼的受益不大。

综合来说，无论是校外兼职还是校内兼职，会给大学生们带来以下好处。

好处一：赚取生活费。

好处二：积累工作经验。

同样，无论是校外兼职还是校内兼职，也会给大学生们带来以下坏处。

坏处一：占用了大量原本应该用来学习的时间。

坏处二：缺少明确的职业定位。

坏处三：外界工作容易动摇原本明确的职业规划。

所以，为了赚取零花钱而用大二和大三的黄金时间兼职的大学生们，以及大四才开始进行职业规划的大学生们，请从大二或大三开始进行职业规划，这样你们的职业定位会更加清晰，努力也不会白费。

1.3 职业规划差异导致了学习过程的差异

我曾经面试过两名应届大学毕业生，在这里我称呼他们为小 X 和小 Y，小 X 毕业于哈尔滨金融学院，通过线上投递简历。小 Y 毕业于北京电影学院动画设计专业，通过线下投递简历。

他们应聘的岗位都是互联网交互设计。从简历上可以看出两个人的专业选择和实习过程有明显的不同。

在此，我进行了一个提炼和归纳。

小 X

专业：金融专业
实习经历：某房地产公司出纳
专业技能：熟练运用 MS Office（Excel、Word、Visio）
全国计算机等级证书二级

小 Y

专业：动画设计专业
实习经历：某网络设计公司设计部职员
专业技能：绘图软件 Photoshop、Flash、Dreamweaver
原型制作：Visio、Axure
前端语言：DIV+CSS 语言、HTML 语言等

应聘者小X所学专业是金融，实习却从事了与金融专业不太相关的出纳职位。应聘者小Y所学专业是动画设计专业，实习从事着和本专业相符的岗位——设计。

初看简历，可以看出应聘者小X的职业规划比小Y的职业规划零乱，在面试过程中，我特意询问了两个人在校期间对职业规划的思考，我得到了两份截然不同的答案。

（1）小X说：我在大四第二学期开始进行职业规划，我在临近毕业时才确认了我究竟喜欢从事哪方面的工作。

（2）小Y说：我从大三开始制订我的职业规划，并按照职业规划一步步努力，我想在动画设计行业继续深造。

很明显小Y的职业规划清晰而明确，实习经历也比较有价值，所以这个互联网交互设计的职位更有可能花落小Y。可见从大二或者大三开始进行职业规划，职业定位会更加明确，实现职业目标的路径更清晰。

正是由于这次面试过程中，我和小X和小Y熟识并成了好朋友。在撰写本书的过程中，一般我会将他们的经历作为案例进行分析讲解，在本书你经常能见到他们的身影。

1.4 职业规划，从了解自己开始

人的性格倾向，就像分别使用自己的两只手写字一样，每一只手都可以写字，但是，惯用的那只手会比另一只手写得更好。每个人都会沿着自己所属的类型发展出个人的行为、技巧和态度，而每一种行为、技巧和态度都存在着有待开发的潜能和潜在的盲点。

本节我将介绍MBTI职业性格测试和霍兰德职业兴趣测试，并且提供参与测试的网址链接和二维码（1.4.2节末），读者可以通过扫描二维码参加测试，并参考测试结果，进一步决订你将要制订的职业规划方向。

1.4.1 MBTI 职业性格测试

MBTI 职业性格测试是国际最为流行的职业人格评估工具之一，作为一种对个性的判断和分析，是一个理论模型，从人类纷繁复杂的个性特征中归纳提炼出 4 个关键要素——动力、信息收集、决策方式、生活方式，进行分析判断，从而把不同个性的人区别开来。

MBTI 人格理论的基础是著名心理学家卡尔·荣格先生关于心理类型的划分，后经一对母女凯恩琳·布里格斯与伊莎贝尔·布里格斯研究并加以发展。

MBTI 测试职业性格的工具在世界上被应用了近 30 年，同时也被应用于世界 500 强中 80% 的企业。

这个测试之所以能够为 80% 的世界 500 强企业所采用，我认为是因为 MBTI 职业测试具有一定的理论性和实用性。

MBTI把人的性格分为十六种类型，由四个维度上的不同偏好构成。

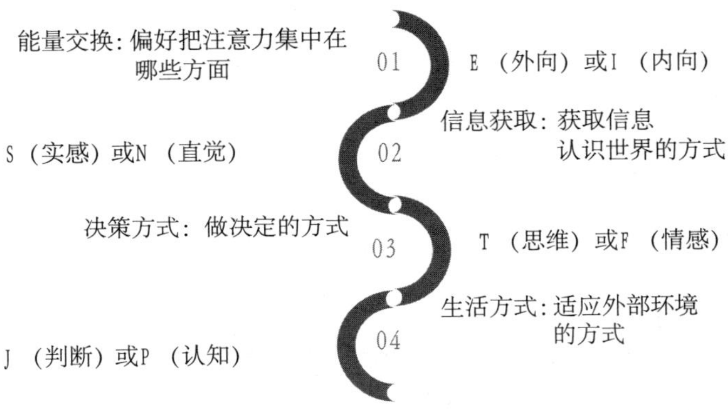

MBTI 职业性格测试图例

通过对照四个维度的描述，确认你自己在每个维度上的偏好，随后取每个维度上偏好类型的代表字母，是 E 还是 I、S 还是 N、T

还是 F、J 还是 P，最后将所选定的字母进行组合，如 INFJ 表示内倾直觉情感判断。

1.4.2 小 F 的 MBTI 职业性格测试

在了解了什么是 MBTI 职业性格测试之后，因为面临着求职找工作，我的朋友小 F 立刻对自己进行了一次测试，以下是小 F 做的 MBTI 性格测试——93 题版测试报告，因测试结果篇幅过多，这里我只简单归纳。

测试结果：

ISTJ 检查员型——细致、谨慎地执行好现有规则

才储成员

报告接收人：

日期：2017/10/20

14229139

1. 小 F 的 MBTI 图形

MBTI 倾向示意图（类型：ISTJ，总倾向：62.1）

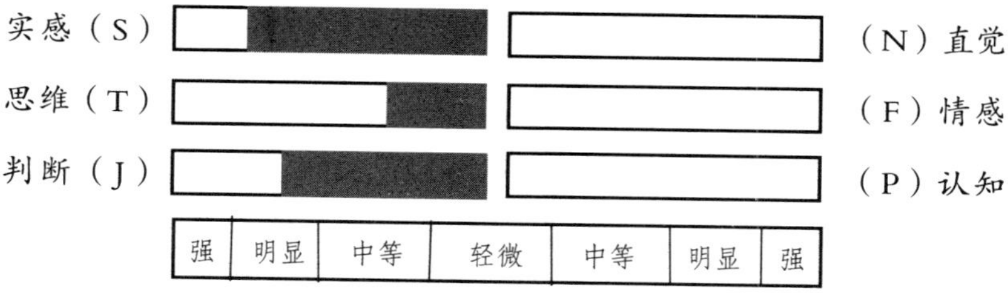

2. 基本描述

才储分析：您的性格类型倾向为ISTJ（内向、实感、思维、判断，倾向度：I85、S84、T65、J80，不假思索指数：28）

沉静、认真；贯彻始终、得人信赖而取得成功；讲求实际，注重事实和有责任感。

ISTJ型的人是严肃的、有责任心的和通情达理的社会坚定分子。

小F适合的领域有：工商业领域、金融银行业、政府机构、技术领域、医务领域。

小F适合的职业有：审计师、会计、财务经理、办公室行政管理、后勤和供应管理、中层经理、公务（法律、税务）执行人员、银行信贷员、预算分析师、保险精算师、税务经纪人、税务检查员、机械、电气工程师、计算机程序员、数据库管理员、地质、气象学家、法律研究者、律师、外科医生、药剂师、实验室技术人员、牙科医生、医学研究员、信息总监、电脑编程员、证券经纪人、文字处理专业人士。

3. 气质类型

根据大卫·凯尔西（David Keirsey）气质与性情理论，小F属于“传统主义者”，下面是对“传统主义者”的描述：

（1）“传统主义者”相信事实、已证实的数据、过去的经验和“五官”所带给他们的信息，喜欢有结构、有条理的世界，喜欢做决定，是一种既现实又有明确目标的人。

（2）“传统主义者”是最传统的一类人，他们坚定、可靠、可信。

（3）“传统主义者”需要有归属感，需要服务于别人，需要做正确的事情。

（4）“传统主义者”往往是组织机构的主要支持者，不论他们是在领导层还是处于被领导的位置上。他们最常扮演的角色就是“稳定器”——传统和现状的维护者。

对于不同的性格类型而言，没有“好”与“坏”之分，每一个人都是独一无二的个体，都有其特别的优势和劣势，但问题的关键在于如何认识这些优势和劣势。

基于MBTI模型职业规划的核心法则“扬长避短”，学会这一点将会影响到你的成败及你对工作的正确选择。

对小F的总体描述：

（1）实际，有条理，认真仔细。

（2）注重规则、政策、契约、例行习惯和时间要求。

（3）一旦他们承诺一件事情，必定会坚持完成它。

（4）在跟进、规范方面做得很好。

（5）以第一次和每一次都做了正确的事情为荣。

（6）对需要注意的事情有敏锐的洞察力。

（7）善于尽可能有效地利用现有资源完成工作。

小F潜在的弱点：

（1）容易只看到事情黑和白两种情况，而看不到中间的灰色地带。

（2）可能不会很快做出改变和适应。

（3）有些此类型成员不擅长变通、缺乏想象力。

4. 优势与劣势

ISTJ的特质：检查员型——细致、谨慎地执行好现有规则。

优势：小F是一个认真而严谨的人，勤奋而负有责任感，认准的事情很少会改变或气馁，做事深思熟虑，信守承诺并值得信赖。

小F依靠理智的思考来做决定，谨慎而传统，重视稳定性、合理性，天生独立，细节非常敏感。

劣势：非常固执；看问题有很强的批判性；非常独立，我行我素；非常挑剔；非常有主见，时常会将自己的观点和标准强加给别人，而且无视那些不自信人的建议。

虽然小 F 的测试结果有点长，却足够客观理性。

正在找工作的你也可以通过 MBTI 职业性格测试对自己有一份客观理性的认知，MBTI 职业性格测试地址：http://www.apesk.com/mbti/dati.asp。

1.4.3 霍兰德职业兴趣测试

除了 MBTI 职业性格测试之外，另一个测试，就是霍兰德职业兴趣测试。

霍兰德职业兴趣测试（Self-Directed Search）是由美国职业指导专家霍兰德根据他本人大量的职业咨询经验及其职业类型理论编制的测评工具。

根据兴趣的不同，人格可分为下图所示的研究型（I）、艺术型（A）、社会型（S）、企业型（E）、传统型（C）、现实型（R）6 个维度，每个人的性格都是这 6 个维度不同程度的组合。

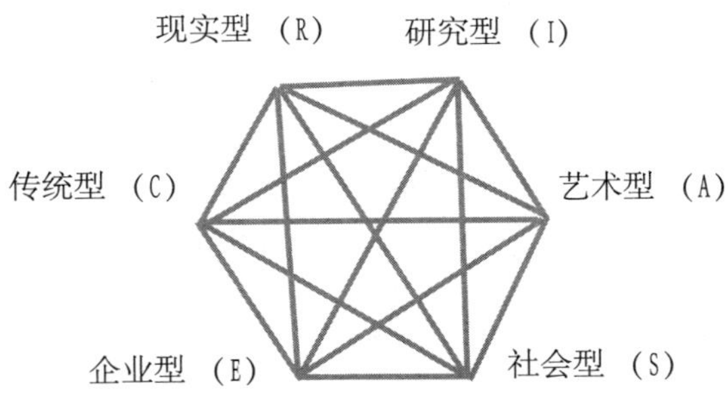

霍兰德职业兴趣测试图例

霍兰德认为，个人职业兴趣特性与职业之间应有一种内在的对应关系。

霍兰德职业兴趣测试也是经过了很多年的不断添加和修正，可以说，霍兰德职业兴趣测试为教育、培训、企业管理等领域提供了越来越多的参考，能够对应聘者进行一个系统的兴趣测试。

根据霍兰德的定义，这6大类型分别有各自的特点。

（1）社会型（S）：善于并喜欢与他人进行交往；健谈；善于教导他人。适合的职业有教育工作者、社会工作者等。

（2）企业型（E）：喜欢追求权力、权威和物质财富等，并具备领导才能。适合的职业有企业领导、政府官员、项目经理、销售人员、律师等。

（3）传统型（C）：尊重权威和规章制度，做事情有计划性和条理性，这类人不太具备领导能力。适合的职业有办公室人员、记事员、秘书、会计、图书馆管理员等。

（4）现实型（R）：拥有很强的动手能力，愿意使用工具从事操作性工作。适合的职业有技术性职业，如计算机硬件人员等；或者技能性职业，如农民、工匠等。

（5）研究型（I）：具有很强的抽象思维能力，是一个思想家，而不是实干家；头脑灵活却不善于动手。适合的职业有教师、医生、科学研究人员、教师、系统分析员、工程师等。

（6）艺术型（A）：富有创造力，善于表达极具特色的性格，脑筋灵活，灵感新颖独特。适合的职业有艺术方面，如演员；音乐方面，如歌唱家；文学方面，如诗人。

1.4.4 小F的霍兰德职业兴趣测试

下面是小F做的霍兰德职业兴趣测试，这里我进行了简单的归纳。

霍兰德原书版报告

报告接收人：才储 Holland 成员 824165

完成问卷时间：2017/10/20

1. 小 F 适合的现代职业

小 F 也许应该成为一名 :（现代职业）

酒店试睡员或者婚礼策划 | 公务员 | 职业牵犬师 | 插画师 | 节目策划 | 淘宝店老板 | 编辑 | 养生专家 | 播音员

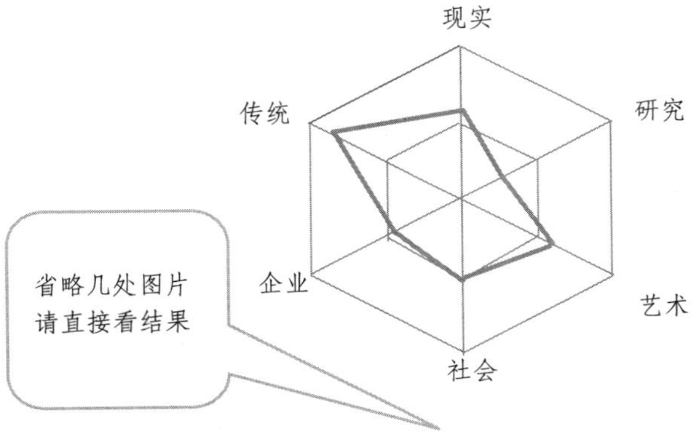

数据分析，小 F 的霍兰德代码最有可能是 CAR（传统 77.3%+ 艺术 54.5%+ 现实 52.3%）。

说明：

小 F 适合的兴趣范畴在蓝色六边形相对集中的区域。

若蓝色区域呈正六边形或接近正六边形，在霍兰德常模内属罕见情况，本报告及多边形图可能无效。

2. 小F适合的传统职业

下面是小F的职业兴趣代号与其相应的其他传统职业参考表：

小F的主要霍兰德代号及相关典型职业是C（传统型）。

该类型适合从事的典型传统职业有会计、银行出纳员、法庭速记员、成本估算员、税务员、核算员、打字员、办公室职员、统计员、计算机操作员、秘书。

虽然小F的测试结果不长，但足够精练。

看见这么精确的结果，即将毕业的你以及正在找工作的你也试一下吧。

霍兰德职业兴趣测试地址为 http://www.apesk.com/holland/index_online.asp#checkboxjuanbiao。

在进行了MBTI职业性格测试和霍兰德职业兴趣测试之后，你是否对自己有了一个全新的认识呢？在这之后再来了解一下另外两种不同的职业规划吧！

1.5 用SWOT，再次定位自己

做完了MBTI职业性格测试和霍兰德职业兴趣测试，我们可以用SWOT分析法再次分析自己，并着手制订属于你的职业规划。

SWOT，即态势分析，该方法先将与研究对象密切相关的各种主要内部优势、劣势和外部的机会和威胁等逐一调查列举出来，后按照矩阵形式排列，然后用系统分析的思想，把各种因素相互匹配起来进行分析，如下图所示。

（1）运用 SWOT 分析法中的 S 优势，分析目前个人对于应聘职位的优势，比如专业对口、拥有工作经验。

（2）运用 SWOT 分析法中的 W 劣势，分析目前个人对于应聘职位的劣势，比如学历层次低。

（3）运用 SWOT 分析法中的 O 优势，分析目前个人能够胜任此职位的机会，比如毕业前学校有各种招聘活动。

（4）运用 SWOT 分析法中的 T 优势，分析目前个人应聘此职位的威胁，比如毕业生源过量、竞争对手多。

下面依然是小 F 的一份 SWOT 的自我分析。

小 F 的 SWOT 自我分析

优势（Strengths）：S	① 做事情专注，不管是绘制机械研究图纸，还是制定机械的操作流程 ② 执行能力、团队协作能力强，决策过后能够马上行动 ③ 父亲是从事机械制造的，可进行相关指导
劣势（Weaknesses）：W	① 社会实践经历较少，实践能力较差 ② 性格内向，不善于人际交往 ③ 语言表达能力较差
机会（Opportunities）：O	① 毕业前多次参加学校以及社会的各种招聘活动，拥有一手资源 ② 通过课题研究，有机会进入大企业实习
威胁（Threats）：T	① 毕业生源过量 ② 同一行业或职位的竞争对手多

小F通过自我分析后制订出了自己的职业规划。

1.6 应该制订多长时间的职业规划

做完MBTI职业性格测试、霍兰德职业兴趣测试，并且用SWOT方法再次定位的小F说："我告诉你，我的职业规划可谓十分全面，作为HR的你，一定没见过能写这么全面的职业规划。"这句话真的让我十分好奇。

小F究竟制订了怎样的职业规划呢？

请看下面的表格。

小F的职业规划

第一步	未来的一年，进入心仪已久的××企业
第二步	进入××企业后，积极努力工作，提高技能
第三步	五年之后拿到年薪30万元
第四步	十年之后成为企业一级管理者，达到事业巅峰，开一家自己的企业

小F的职业规划让我忍俊不禁，但小F依然自信地说："这是我中期的职业规划，我连每个月的薪资都算好了，刨去开支，若要开一家自己的企业，我必须攒够300万元。"

我跟小F说："你制订的职业规划并不详细，而且你制订的职业规划，属于长期职业规划，不属于中期职业规划。另外，相较制订长期职业规划，制订短期和中期职业规划更加实用。"

一般来说，职业规划分为短期职业规划、中期职业规划和长期职业规划。

在职业发展的初期阶段有很多的未知，不但有社会、经济等各种因素的影响，还有个人的兴趣、上级、企业都会影响你后续的职业道路。所以，我建议小F制订3年的短期职业规划，或者5年的中期职业规划。

1.6.1 短期职业规划

我认为短期职业规划应该是三年的规划，而这三年是你个人职位的定位和提高自己的过程，在这个过程中将你的能力逐步提升至100%，如下图所示。

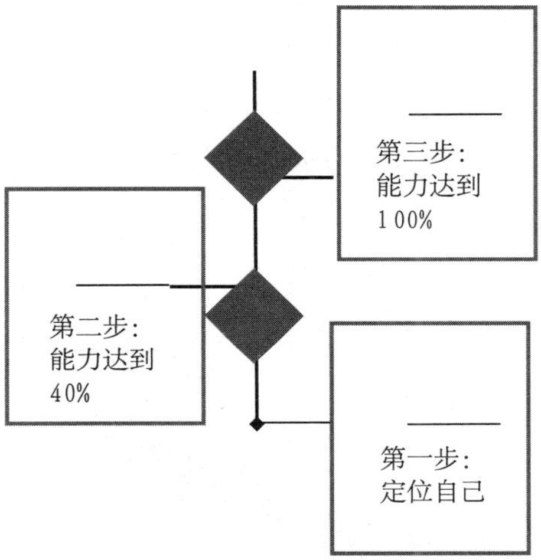

三年职业规划是切合实际又易于实行的。可以将这三年职业规划进行分解，第一个阶段是第一年、第二个阶段是第二年到第三年。

每一个阶段都有要做的事情，对于即将毕业的大学生而言，短期职业规划可以是这样的：

第一步：准备考取相关证件 / 进入企业熟悉环境。

第二步：为考取证件而努力，并拿到相关证件 / 晋升到一定的职位。

第三步：前往需要用到所考取证件的行业或者企业 / 稳固晋升后的职位。

短期的规划可以是考取一个证书，通过考取证书的方向，找到能够用到该证书或者是相关知识的职位。

短期规划也可以是找到合适的企业，并晋升到某种职位的期望。

比如，通常拥有明确晋升渠道的企业，会通过年度考评等方式，每两年或者每三年对企业的优秀员工进行提拔。

无论是考取相关证件，还是晋升到某个职位，短期规划都是实实在在的规划，并需要你付诸于细节的努力。

1.6.2 中期职业规划

我给中期职业规划的时间定为五年。在这五年内，是个人能力的提高和飞跃的时期，要完成以下步骤。

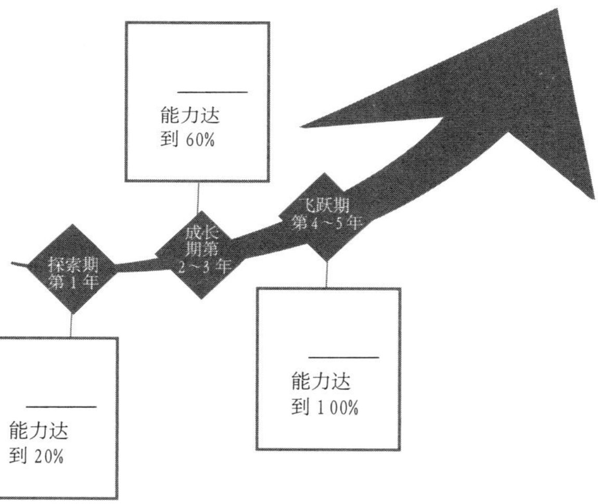

与短期职业规划相比，中期职业规划时间更长，所花费的努力也要比短期规划多。

中期职业规划需要经过成长和飞跃，是一个循序渐进的过程。

因此，中期职业规划是较长远又能提升能力的，如上图所示，可以将这五年的职业规划进行分解，第一个探索期是第 1 年；第二个成长期是第 2 ～ 3 年；第三个飞跃期是第 4 ～ 5 年。

每一个阶段都有要做的事情，中期职业规划的具体要求如下图所示。

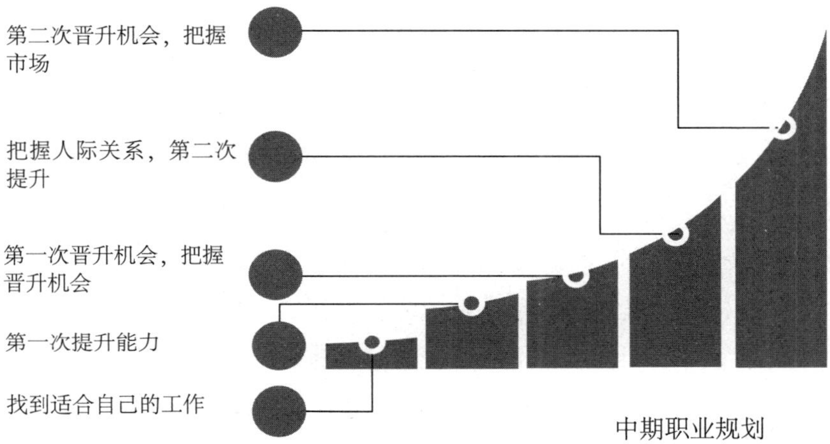

中期职业规划

中期职业规划是一个循序渐进的过程，这五年主要是个人在能力、职位上的提升，其次是人际关系的积累及市场的开拓。

了解了短期职业规划与中期职业规划的区别之后，小F将职业规划重点放在了短期职业规划上，具体内容如下：

小F的短期（三年）职业规划

姓名：小F

专业：机械工程专业

学校：××大学

选择职业目标和路径，并用高效行动去达成职业目标。

★ 第一部分 小F的短期职业规划步骤

第一步：进入××企业（目标：和已工作三年的前辈达到同样的技术水平）。

×× 企业是我在大学时候就一直关注的企业，毕业后若是能够成功应聘，我将进入该企业工作。工作第一年的前六个月，我将在企业实习，多向前辈学习，充实自己、锻炼自己，为以后在企业的发展打下良好的基础。

第二步：晋升到一定的职位（目标：导师助理的职位，或者工程师助理的职位）。

工作第二年的前六个月，通过向前辈学习，我会积累经验，多阅读一些资料。

工作第二年的后六个月，多画一些图纸，争取参加一些企业的课题项目，从图纸中总结经验教训，从而提高自己。

第三步：稳固晋升后的职位（目标：做好导师助理的职位，或者工程师助理的职位）。

工作的第三年，由于拥有前三年的工作基础，在完成自己工作任务的同时，前六个月继续参加团队的课题项目，后六个月尝试做项目负责人，争取一些简单的课题研究项目，能够自己或者带领团队完成研究。

★ 第二部分 短期职业规划评估调整

以每个星期的记录为准，明确职业规划的目标，记录点滴成长。以每半年为自我考核的标准，对职业规划进行评估。

若是出现特殊情况，要及时根据实际问题进行相应调整，制订出具有客观性、效益性、发展性的优化规划方案。

★ 第三部分 职业规划结束语

这一份职业规划，虽然不能规划 20 年之后的我，却能够在我找到明确的职业定位之后，丰富自己，锻炼自己，并督促自己取得一定的成绩。

我认为小 F 这个短期职业规划写得比较客观到位。还没制订职业规划的你，可以以他为参考。

Q&A

问题解答

在工作中，我经常碰到应聘者问以下两个问题，在这里做详细解答。

问题 1：职业性格测评和职业兴趣测评等这类测评的可信度是多少？

像 MBTI 职业性格测试和霍兰德职业兴趣测试以及职业锚等科学的心理测评的可信度还是比较高的，因为这些测评以专业知识为基础，并且经过不断修改和完善。

很多自认为足够了解自己的年轻人在看了心理测评的结果之后，往往都不敢相信眼前的结果，针对这种现象，我认为是因为有些测评者没有相关的工作经验，以至于不能正确认识和评价自己，也就不敢相信测试的结果。

像MBTI职业性格测试和霍兰德职业兴趣测试以及职业锚等测试，是辅助求职者认识自我的工具，值得参考。

问题 2：　我想做一名销售，但我的父母都是教授，在大学搞学术研究，他们总觉得我想从事的职业不稳定。我该如何在销售行业做得更远呢？

我们都知道乔·吉拉德，他是美国著名的推销员，也是吉尼斯世界纪录大全认可的世界上最成功的推销员。根据记录，他从 1963 年至 1978 年总共推销出了 13 001 辆雪佛兰汽车。他连续 12 年荣登吉尼斯世界纪录大全销售第一的宝座，他所保持的世界汽车销售纪录是连续 12

年平均每天销售6辆车，至今无人能破。

很多人认为销售这个行业，不过就是卖东西。我们回过头来看乔·吉拉德的经历和成功，我们还会认为销售真的只是在卖东西吗？

若真的想从事销售，我认为你的职业发展规划应该是这样的：销售——销售代表——销售主管——部门经理——销售总监。

第 2 章

攻下“寻找实习”+“筛选职位”的堡垒

为什么有些同学在大学期间积极参加社团，甚至一毕业就拿到了世界 500 强的 Offer？这些都是有原因的。

有的同学通过参加各大企业在学校开展的活动，或者在某企业赞助的学校比赛中获得了名次，进而有机会和该企业员工接触，得到了这些员工内部推荐的机会，于是就顺理成章地参加了面试。

还有的同学曾是世界 500 强企业的实习员工，在实习时得到了专业的培养，等到快毕业的时候，便顺理成章地留在了企业。

那么，这些同学是如何做到的呢？这就需要你在制订职业规划之后，积极参加不同的社团与活动，了解不同的实习渠道，毕业时了解校园招聘，熟悉网申流程，同时，在校园招聘的过程中，了解不同性质的职位。

2.1 尽早开始实习的好处

尽早开始实习的好处有很多，这里，我列举最重要的三点。

第一点：丰富知识，从“材”变“才”。

第二点：从“才”开始，捷足先登。

第三点：发挥吸引力定律的最大效用。

要是大学生们都做到上述三点，那么，你的起跑线将赢别人很多。

2.1.1 丰富知识，从“材”变“才”

我们都知道“材成才，才生财”，我相信每个大学生以及求职者都是一个可塑之“材”，这个“塑”就是通过大学的学习锻炼，才能收获才能、才干，最后成为用人单位乃至社会上的“才”。正是成为用人单位的“才”，才有能力去为单位创造财富。

从某高校的计算机科学与技术专业毕业的小A，毕业之前的实习期就在国内某大型通信设备制造企业从事技术开发工作。

当我问他：“为什么你的就业之路这么顺利呢？”小A说：“我的实习单位看到了我的成绩和竞赛排名，才给了我工作的机会，也正是因为我的知识足够扎实，技能过硬，还没毕业就顺利转正了。”

从“材”到“财”的关系，如下图所示。

就算大学生或者求职者自认为足够优秀，是一块“玉”，能够不通过学习知识和技能就可以直接工作，那么用人单位怎么可能聘用一块没经过任何打磨的“玉”呢？毕竟“玉不琢，不成器”，再好的玉，若是不经雕刻，都难以成为最心仪、最合适的那块玉。

2.1.2 从“才”开始，捷足先登

既然有了能够成为“才”的基础，那么何不捷足先登呢？

一般来说，高校应届毕业生校园招聘会是从大四下学期开始的，但也有大二或者大三的学生提前参加，提前感受招聘的氛围。《广州日报》曾刊登过一则新闻，时至今日，那篇文章的标题名还深深烙在我的脑海中，即《大四不急揾工 大三抢先探路》。

具体内容就是一些大三的学生带着简历等资料出现在招聘会上，他们有些是学校老师介绍来的，有些是和同学结伴来的，目的都是为了提前感受招聘的气氛，能更好地规划自己的职业方向，并对所学专业的就业前景有更好地理解。

我真是赞赏这些大学生的做法。即将毕业的大学生若只是参加大四的校园招聘会，时间准备上会很匆忙，毕竟大四的上半年不但有一个不短的寒假，还要准备毕业论文、毕业答辩、离校等事宜。而这半年中各个高校通常也只能够举办两到三次校园招聘会，就算用人单位会举办宣讲会，在这匆忙的几个月想要找到一份合心意的工作还是有点儿难，除非你确实有足够的能力、又足够的幸运。

所以大学生要提前准备，在学校举办校园招聘会时，大二或者大三的你就应该去实地感受一下。

从参加校园招聘会中，能够有四点收获。

第一点：可以闻到职场上的硝烟味，有压迫感和紧迫感。

第二点：了解用人单位的用人须知，拿自己现有的能力进行比较，查漏补缺。

第三点：了解不同类型的用人单位提供的不同职位，进而完善职业规划。

第四点：若是有了明确的职业定位，但在招聘会上看到了更加喜欢或者适合自己的职业，也可及时调整自己的职业规划。

等到大四的时候，就能在学校举办的招聘会、宣讲会上带着简历战斗了。

更重要的一点是，在参加招聘会的同时，能够让大学生的心态和行动逐步地从以学习为主过渡到以求职为主。

2.1.3　发挥吸引力定律的最大效应

吸引定律又称“吸引力法则”，指当某人的思想集中在某一领域的时候，跟这个领域相关的人、事、物就会被他吸引而来。

求职也是如此，我们身边大多数人都会潜移默化地受到身边人的职业影响，这样的影响不是随波逐流，而是更加真实了解这个职业的状态，以及比别人具有什么样的优势。比如，你的父母是会计，你成为会计的优势就要比别人多一些。

家庭中，可能是你父亲工作的严谨态度，也可能是你母亲工作的职业道德和素养，会有意无意地把你领到会计职业的领域中。

当然，也有一些相反的事例。有些求职者认为，就因为父母是做会计的，所以我打死也不做这一行。

其实，你的父母以及亲人从事的行业，不仅能够影响你的职业选择，还能够让你进行感情投资。

为什么要做感情投资呢？因为在社会中积累人际关系是非常不容易的，原因是起点不同，动机不同。

关于感情投资，我不得不向你阐述一个特别经典的案例。

当年从哈佛辍学的比尔·盖茨，与比他高两个年级的保罗·艾伦一起创建了微软企业，并从他母亲的计算机企业拿到了第一笔订单。

我梳理了一下他们之间的关系，如下图所示。

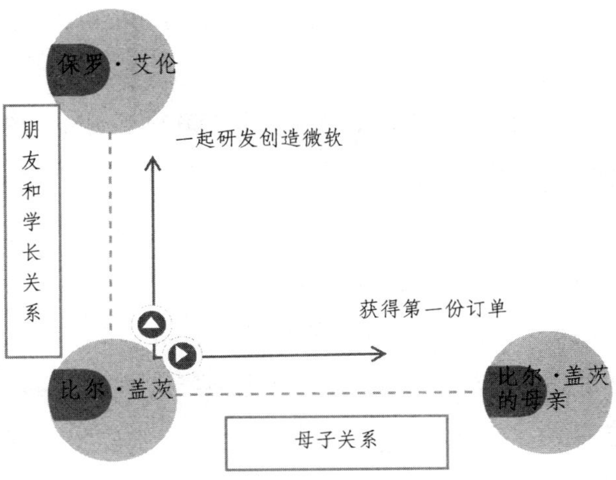

微软企业的创立不能缺少保罗·艾伦，因为他曾和比尔·盖茨一

起进行过学习和交流。微软企业的创立也不能缺少在IBM当高管的母亲玛丽·盖茨。因为母亲给了比尔·盖茨第一笔订单。

可以说，作为“资源”的学长保罗·艾伦和母亲玛丽·盖茨，给了比尔·盖茨极大的帮助。

正是因为我们没有比尔·盖茨的创造力，没有同样聪明和创造力极强的学长保罗·艾伦，没有厉害的母亲玛丽·盖茨，才更要懂得身边资源的重要性。

你若盛开，清风自来。一个人的成功离不开很多人的帮助，可能是父母、亲戚、同学、朋友，只有当你全力释放自己的能力，才能去感染、影响他人，很多人就会变成你的东风，助你一臂之力。这就是我们常常说的吸引力法则，有效地调动身边一切资源是很多成功人士的一项重要能力。

2.2 实习渠道直通车：一脉二动三投递

什么样的实习工作才是好的呢？

我认为对你未来找工作有价值的、并且能够帮助你未来找到好工作的实习，才是好的、有意义的实习。

这里定义的有价值的实习，不单单是指获得了高额工资的实习，也不是短期的、对于技能要求比较简单的实习。

因为实习的行业或者是职位，一般都是你在职业规划中指明的。比如，想要从事会计职业或者人事职业，就不可能在实习的过程中去送快递、发传单、做礼仪来获取经验和提高能力。

那么，如何找实习工作呢？我认为重点在于“找”。什么是“找”，按照百度百科的词汇搜索，“找”的定义是：〈动〉寻求、想要得到，退回、补足和觅寻的意思。也就是说，找实习得先动起来。

2.2.1 第一类：人脉型

进行感情投资是非常重要的，或者说积极寻找身边的资源是非常重要的。除了父母能够帮助你解决实习工作，在职业规划三点“看得见”的好处中，我曾介绍过，你的师兄师姐，也可能帮助你解决实习工作。

所以，找实习工作的第一点，就是积极寻找身边的资源，成为人际关系型的选手，也就是我前文说到的感情投资，好风凭借力，送你上青天。

具体来说，求职者有下述两个方法可以使用。

方法一：发动你身边的亲朋好友、师兄师姐、“大 / 中 / 小学”同学，在朋友圈、QQ空间、微博等社交平台讲述你想找一份实习工作的需求。

方法二：开拓各种人际关系，求推荐，可以是活动中的讲师、评委、赞助方甚至是活动执行的工作人员，也可以是社交平台中的人际关系。

在运用这两种方法时，千万不要不好意思，觉得不该靠人际关系，有时候人际关系也可以是你的“王牌”。

2.2.2 第二类：活动型

第二类寻找实习工作的方式，叫作活动型。如果第一类是有“预谋”

的，那么，第二类可谓是无心插柳柳成荫的好方法。

这个方法表面上看起来有点无心插柳，但实际上这是一个长期自律的结果，也就是需要在大学做一些“有意义”的事情，这里的“有意义”是指能够对你将来的发展有所帮助。

这种“有意义”的事情，可以是边实践边玩。不要小看实践中的“玩”，因为玩是哈佛、耶鲁等名校特别重视的能力，所以，我所说的“玩”不是没有目的地“玩”，而是积极参与各类社团活动，目的是在“玩”中获取机会，在实践中抓住机会。

1. TG精英社等社团

你可以参加校内的社团和校园的活动，我和好朋友小F给你介绍下图所示的6个社团。

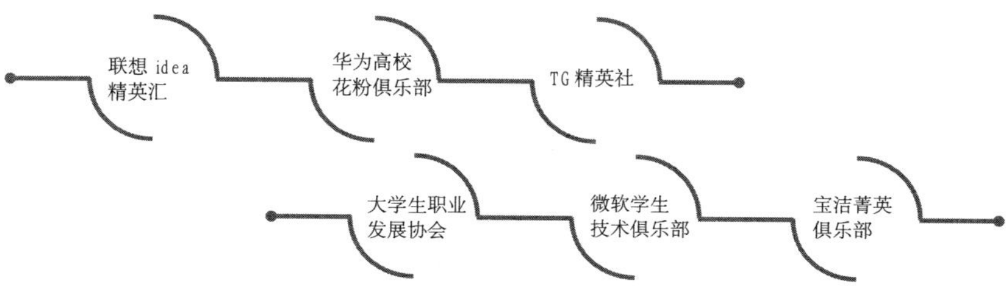

（1）联想idea精英汇。简称精英汇，是第一家由共青团中央指定的大学生实习基地，联想集团陆续在各地各高校成立精英汇分会，在高校中开展各种各样的活动，比如联想精英汇每年寒暑假都会给会长提供实习机会，还有机会去总部轮岗。

（2）华为高校花粉俱乐部。隶属于华为花粉俱乐部旗下的去商业化的高校社团。该社团的成立，旨在支持高校教育工作，通过提供多元化的实践平台和实践活动，锻炼学生的综合能力。

（3）TG精英社。由腾讯互娱建立的为大学生施展青春才华、丰富校园文化生活的平台组织，不仅能为大学生提供专业培训指导，还有各类实践创业机会，旨在打造一支青年精英队伍。

（4）大学生职业发展协会。该协会是现在学校中的重要组织结构之一，是由招生就业处组织、领导的学生自主自办的群众性组织，为学生提供就业信息和就业指导。

（5）微软学生技术俱乐部。该俱乐部是微软亚洲研究院与高校合作培养人才的一种探索，俱乐部在各高校通过学术讲座、技术沙龙、兴趣小组、大型比赛、参观访问等活动，活跃学生学术气氛，丰富校园活动。

（6）宝洁菁英俱乐部。由宝洁（中国）企业人力资源部和高校就业处共同发起支持的、学生独立运作的、非营利性的学生社团组织，给学生提供学校内部的实习岗位，同时，在校园招聘中也会优先录取团内会员。

除了这六个校园社团之外，还有其他的社团，需要根据不同的学校进行选取。

2. 四大会计师事务所

除此之外，还有深受广大学生喜爱的四大会计师事务所。

（1）普华 leap：主要针对大一学生。

在普华 leap 计划里表现突出的同学有机会跳过毕业生招聘的部分流程，更迅速地获得聘用机会。

（2）德勤 club：主要针对大二、大三、研一、研二的学生。

在德勤 club 里，你可以体验职场，提升领导能力，优化简历、扩大社交网络，提前聘用，在项目结束时，你将有机会正式聘用；或者直接进入面试，获取正式聘用资格。

（3）毕马威精英计划：主要针对大二学生，和距离毕业还有两年的研究生。

在毕马威精英计划里你将接受专业的审计培训，并在旺季在毕马威公司工作。完成整个计划并在规定的项目工作期间表现优秀者，将有机会在毕业后的第二年以审计员身份加入毕马威团体。

（4）安永 SLP：主要针对大三学生和距离毕业还有一年的研究生。

安永每年近 50% 的全职 Offer 会在 SLP 项目发出，也就是在大三暑假就可以获得全职 Offer，在 SLP 项目，你可以聆听职业安永人的经验分享和发展培训，体验安永备受推崇的企业文化和一流工作氛围，赢得安永全职 Offer。

普华 leap、德勤 club、毕马威精英计划、安永 SLP 这四个会计师事务所都是大家可以选择的。尤其是如果你很遗憾并非出身名校，但是，你期望未来能进入一家世界 500 强工作，那么在学校积极参加这些企业的俱乐部活动就特别重要，而且俱乐部并不要求你一定是名校学生，相对比较开放。

3. 社团的“好处和便利”

这里，针对这些不同社团和活动的内容以及社团活动能够带来的“好处和便利”，我给出了相关资料，如下表所示。

部分社团活动名称和内容

联想	每年暑假，新任会长都会到联想分区实习；每年寒假，总部轮岗
职协	学校内部实习岗位，基本是职协包场
宝洁	校招优先录取、获取实习机会
腾讯	腾讯及合作企业的推荐名额、毕业生优先面试资格、总部 Openday
微软	MSP 社区、技术资料和资源、MSP 活动培训和支持、MSP 证书
壳牌	暑期实习机会、直接进入校招最终环节（壳牌招聘日，Shell Recruitment Day）

4. 打比赛

除了参加活动，我认为另外一个途径就是打比赛。

我认为每个人的一生一定要有一件自己擅长的事情，这对每个人自信心的培养非常重要。你不一定是读书最好的，但你可以是擅长跳舞、唱歌或者跑步、打球等，我们这个时代的魅力在于每个人都有释放才华的机会，可以参加 Microsoft Student Partners、MSP、宝洁精英挑战赛、宝洁群英汇、“立信杯”比赛、IDG 校园创业大赛、联想 AI 精英挑战赛、壳牌商业精英挑战赛等，通过这些赛事来树立自信心，广交朋友，积累资源。

2.2.3 第三类：平台型

第三类寻找实习工作的方式，叫作平台型，比如各种论坛、就业网、BBS、实习平台、企业官网、社交平台、宣讲会都是平台，而且，投递简历是攻下这些平台的“王道”。

这里介绍三大类平台。

（1）社交平台：微信、微博、QQ、领英，赤兔，脉脉。

各个行业各个岗位都有不同的公众号、微博、内推 QQ 群，所以多关注各社交平台的推送消息或者群消息。比如“找实习”“当实习来敲门”“爱益思求职”“互联网校招”“实习狗”“Hi 实习”每天都有最新的实习信息发布。

（2）寻找和关注求职地标杆院校 BBS 或就业网。这类平台如清华 BBS、北大 BBS、四川大学 BBS、西交 BBS。

（3）宣讲会。宣讲会每年两季，每年的 3 月～ 5 月、9 月～ 11 月举办。宣讲会提供空缺职位，可以面对面求职。不要认为宣讲会就是招全职的，其中也有很多实习机会。

现在很多学生已习惯于网络沟通，习惯接受便捷且随时可用的信息，企业也采用视频播放、非互动宣讲等方式，利用互联网的多媒体技术向学生直播宣讲过程。学生可以将这些资料打包下载，在需要的时候寻找实习机会。

总之大胆地说出自己的需求、优势，实习机会其实并没有那么难。

2.3　校园招聘那些事儿

如果你是在大二、大三期间实习，或者大四的你没有能够留在实习单位；如果你没有参加过联想 idea 精英汇、TG 精英社、普华 leap、毕马威精英计划，也没有浏览和关注过水木论坛、高校就业网等相关论坛和网址……那么，校园招聘，你就不能错过了。

校园招聘是众多高校录取应届毕业生的一个重要方式，更是一种特殊的外部招聘途径。校招主要分为两个阶段：秋招（9 ~ 11 月）、春招（3 ~ 5 月），通常是某个校招企业先在各大高校开展宣讲会，然后毕业生网申或者现场投递简历。

选择做校园招聘的企业，除了有用人需求外，他们也有另外一个重要的任务，就是品牌宣传，而这种方式也是应届毕业生能跻身名企的好机会。

在了解校园招聘与社会招聘不同的基础上，对于即将毕业的你，校园招聘的一些基本常识需要你逐一践行。

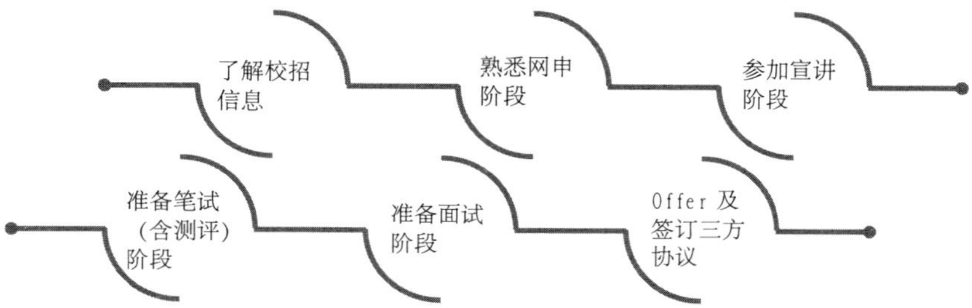

首先你得找到心仪的公司，对自己简历比较有自信的同学可以直接在该企业官网上进行网申或者直接在线下的宣讲会上递交纸质简历。（有的企业可能现场拒绝接受简历）如果遇上特别心仪的公司，刚好

你也有时间的话，可以去听一下他们的宣讲会，多在互动环节提问题，对面试有好处，可以加深别人对你的印象，并且能知己知彼。

简历筛选通过之后，就是笔试环节了，有些企业没有，有的直接在宣讲会就设置了现场笔试环节。笔试之后是面试环节。一般至少会有两轮面试：一轮群面 + 单面，有的公司也会提高难度，增加面试环节。

本节只介绍校招的大概情况，其他的内容如熟悉网申阶段、参加宣讲阶段、准备笔试（含测评）阶段、准备面试阶段、Offer及签订三方协议的内容将在本书第四章做详细介绍。

2.3.1 校园招聘和社会招聘有什么不同

下面比较一下校园招聘和社会招聘不同的优势，以及各自的社会意义。

我们先从公司角度进行分析。企业从某个学校招聘，本身说明以前本校的学生工作表现还不错，是对学校教育水平的一种肯定。社招就不会有这种好处，因为社招相对不会表现出人才分层现象。

从入职后的表现来说，很难说社招人员更好，即便社招人员有工作经验。首先，校招进来的学生一般是冲着企业来的，或者相关的方向发展的，而且刚面临社会，对第一份工作相对来说有一定的稳定性。比如说，很多学生毕业的时候可能手里有好几个Offer，既然选择了最终的企业当然是对企业相对满意，而且很多学生会考虑以后的发展方向，包括在哪里买房安家，这时候也会有目的性。这样进入公司后，对双方都有好处。

社会人员投简历很多都是盲目的，有的是临时抱佛脚。很多人并不是喜欢一个城市，或者一个企业才去那里，只是为了有一份工作。当然不排除学校也有这样的人，不过相对来说会好一些。没进入社会的学生更容易被公司吸引，更容易踏实地对待第一份工作。

校招进去的学生对于自己的第一份工作大部分都会很认真，而通过社招渠道的求职者，往往对工作没有那么多激情。

从另一个角度来说，校招也便于学生找准定位，找到符合自己标准的公司。社招就没有这个效果。

对大学生来说，校招也能够让职位与自己的职业规划更加匹配。比如某一企业想要招聘五个写代码的工作者，若是通过社招，可能会收到 1 000 份简历，由于不知道职位是否匹配，也不知道求职者的水平如何，而且简历造假很普遍，难道要面试 1 000 人？由于不同学校的学生之间在水平上也会有明显的层级，所以只要到相应的层级进行招聘就会有很好的效果。

企业只需要去计算机专业很厉害的大学，给出高薪就不怕没人来，可能只有五人投简历，面试五人就可以，简单有效。这对计算机专业的大学生来说，不出校门，就能够更加直接地找到适合自己的工作。

2.3.2 了解校招信息

要想知道有哪些公司会进行校园招聘，有无宣讲会，在哪儿开宣讲会，招聘流程怎么样，这些都是我们需要找到的信息。

如果大学生们一个一个去企业官网找，会非常耗费时间和精力，所以推荐给大家一个信息特别全的网站：应届生求职网。最近他们也推出了 APP，下载到手机上，想找宣讲会时随时随地都能查看。

综合来说，要了解校招信息，就是你得知道“我从哪里来，能到哪里去”，校园招聘包含四个信息，需要你按照步骤来了解。

第一步：企业情况。了解企业所招聘职位、职位发展规划、招聘要求。

第二步：招聘流程。关注当地宣讲时间和方式，了解笔试和面试的时间。

第三步：笔面试安排。笔面试方式（纸笔、线上）、笔试考核内容，做好面试准备。

第四步：申请渠道网申是主流，微信申请已开始，了解网申与微信申请。

准备参加校园招聘的你，记住以上四个主要信息之后，就可以参加网申了。

2.4　行业不同，选择不同

在参加校园招聘的同时，我建议你要深入了解行业，是选择国企、外企，还是私企，是选择大企业还是小企业。

这里我为大家讲解如何深入了解行业，了解企业。

2.4.1　选择外企还是私企

很多求职者都会遇到“选择国企好，还是选择外企或者私企好”这种疑惑。这里我详细解读这三类企业。

1. 外企

据调查，大型外企对于年轻人具有相当大的吸引力，因为外企不仅有较好的工作环境，还有体面的薪水，还有看起来相对完善的培训机制。

如果你是应届毕业生，选择外企，还可以交到很多朋友，因为那里有很多你的“同龄人”。因为外企中25岁～35岁的白领占据了一部分比例，并且每个人都光鲜亮丽，看起来前途无量。40岁以上的员工也占据一定比例，同时处在不上不下相对尴尬的阶段，于是很多40

岁～50岁的外企员工会选择跳槽或自主创业。

这是一个真实的现象，毕竟一旦当上经理，经过多年的摸爬滚打，也不会太年轻。此时外企的薪水或者是上升空间不能满足他们，他们会往更高、更远的方向去努力，这时候他们的人际关系和资历往往足以支撑他们去另外一个企业任总经理。

所以，如果你足够年轻，并有拼搏勇气，并且你所选的工作是你喜欢的，那么我认为你可以去外企试一试。

2．私企

私企的数量越来越多，优势在于：有灵活的机制，能够紧跟市场应变，讲究实效，注重员工的业务能力；对学历、学校、专业等“硬件”看得较淡；关注员工的忠诚度。若员工素质高，勤奋好学，对工作投入，一旦工作能力和业绩获得老板认可，就有望迅速获得晋升和加薪机会。

私企的薪资待遇往往是两极化的。对于年轻人来说，和外企一样，具有升职和加薪的机会和空间。

在“低薪”的时候，可能只有“4000元月薪+200元提成+1000元年底奖金”的待遇，但若是努力工作，便有升职机会和升职空间，等到了“高薪”的时候，享受着“50万年薪+20万提成+30万年底奖金”的待遇，这时，便有创业机会，也有跳槽到大企业的机会。

总的来说，若是你想要发展空间大、工作有挑战、工资高、工作容易产生成就感的工作，可以选择私企。

3．国企

很多年轻人在选择国企的时候，心里或许会有一丝担忧，担心自己的青春会在工作环境中慢慢流失，担心不会有竞争激烈的职场氛围和薪资更高的奋斗经历。国企的优势是外地大学生与国企签订五年合同后，有机会拿到当地户口。

2.4.2 大企业还是小企业

我们一起认识一下大企业和小企业的优缺点。

1. 大企业

优点一：拥有一套完整的管理制度，规范、科学、严格、独特。

优点二：平台高，见识远，业务和活动性比较综合、多元化。

优点三：业绩突出，资产雄厚，且人力资源完善。

缺点一：工作灵活度小。

缺点二：做自己分内的事，想学经验很难，不利于个人的全面发展。

2. 小企业

优点一：能培养成全才。

优点二：能得到承担重大项目的机会。

优点三：能有机会担任企业较高的职位。

缺点一：经常加班，个人压力大。

缺点二：工作环境通常不是很好。

缺点三：工作不是很稳定。

大企业与小企业都有各自的优点和缺点，但是，行业选择是二维的，你可以在大企业与小企业之间交替选择，如下图所示。

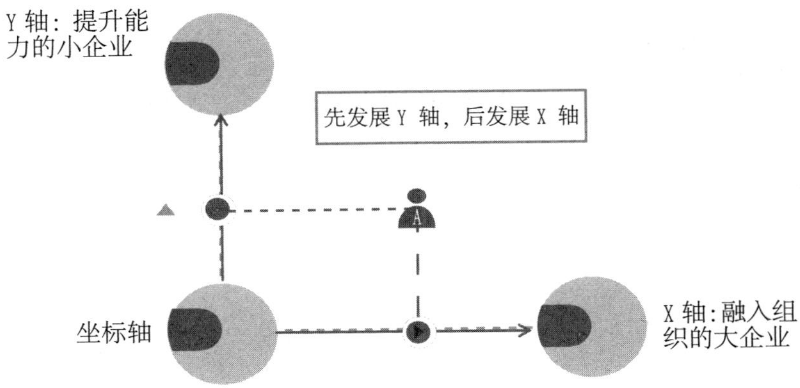

想要到达A点，有两种方法：第一种，从X轴出发，接着从Y轴出发，合并之后到达A点；第二种，从Y轴出发，接着从X轴出发，合并之后到达A点。

总的来说，小企业会使你的接触面较广，你的职位工作是你工作中的一部分，可能还需要你做更多其他工作。

而大企业讲究团队合作，你应聘的岗位，只会接触你工作岗位有关的内容。想要提升，应该是伴随着一家企业的成长和发展。相比较而言，大企业更加稳健，小企业的风险要多一些。无论是大企业，还是小企业，你应该选择一个规范并向上走的企业。

2.5 分清职位主次，远离孤岛职位

现在，你心中是否已经有了想要去国企、私企，还是外企的意愿了，也应该有了是选择大企业，还是选择小企业的打算。

有了这些选择之后，你应该根据职业规划认清主角业务和配角业务，尽量选择主角业务。

2.5.1 认识主角业务和配角业务

主角业务和配角业务的性质大有不同。

1. 主角业务

所谓“主角业务”，是指能直接帮助企业创造收入的业务，如下图所示。

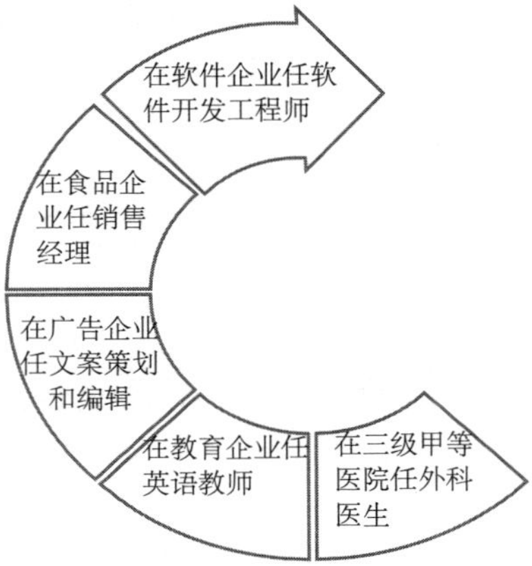

除了上述列举的主角业务的职位之外，还有很多能够担任主角业务的职位。

这些主角业务的职位有更多的优势：工作更稳定、薪资更高、能够受到企业以及领导更多重视、获得更多晋升机会等。这些摆在眼前的现实优势，是大部分求职者所看重的。

对于小X和小Y来说，他们的专业今后从事的工作就属于主角业务。

2. 配角业务

所谓“配角业务”，是指能间接帮助企业创造收入的业务，如下图所示。

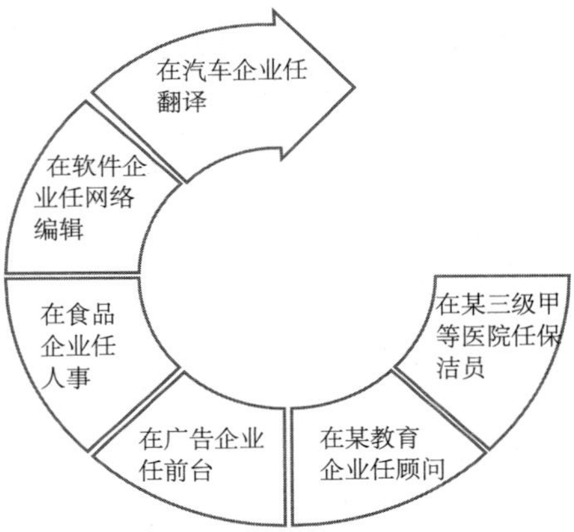

除了上述列举的配角业务的职位之外，还有很多配角业务的职位。

这些配角业务的职位具备较少的优势：工作不够稳定、薪资不是很高、不太能够受到企业以及领导的重视、获得晋升的机会较少等。

配角业务劣势显而易见，求职者应尽量避开配角业务。

2.5.2 从“销售和财务”斟酌主角业务和配角业务

数据表明，世界500强企业中95%的CEO来自销售和财务这两个岗位。虽然有人认为IT类企业的成功人士大多来自技术岗位，但是事实上，很多成功人士后来往往都参与了市场销售和财务工作。

销售是一门跟人打交道的学问，打交道的目的就是“让别人去做我安排的某件特定的事情”。财务则是从数字的层面了解生意的本质，从宏观上看待生意的本质，对一个生意是否挣钱，是否可以正常运作有着最深刻的认识。

这里，我将详细分析“销售”和“财务”的职位性质。

一般来说，一个企业，在规模小的时候往往是销售主导企业，销售主要靠人，只要能带来好数据，就会带来利益。

企业初期规模小的时候，因为运营成本低，企业领导会思考“我们能做什么”，会挑选相对的主角业务放到最有产出的地方。

相反，一个企业，在规模大的时候，往往是财务主导企业。这时财务数据便是企业主要注重的地方。

企业规模大的时候，一切都要规范化，运营成本相对提高，企业领导思考“我们不能做什么”，便会挑选绝对的主角业务，把一部分资金放到最有回报的地方。

在清楚这些之后，有的求职者喜欢去小企业，选择了主角业务，比如翻译；有些求职者喜欢去大企业，选择了配角业务，比如人事。有的求职者喜欢去小企业，选择了主角业务，比如销售；有些求职者喜欢去大企业，选择了配角业务，比如会计。

你究竟要选择什么样的职业，和你的职业规划有关系，和你的人生追求有关系，和你的性格也有关系。

如果你是一个喜欢稳定工作和生活的人，喜欢下班按时回家、按时享受晚餐、按时阅读睡前书籍，那么，配角业务将会是不错的选择。所以，销售工作就不太适合你。

如果你喜欢受到重视、喜欢成为一群人的中心、喜欢获得不断的成就感，那么，主角业务将会是不错的选择，所以，财务工作就不太适合你。

很多人在年轻的时候，主要思考的是"我能做什么"，等到中年以后，就会想"我适合做什么"。不少人会在中年以后更换职位，是因为到那个时候他们才更清楚自己想要什么样的生活、什么性质的职位。

如果你正在寻找实习工作，我劝你一定要在实习之前问问自己的内心，是适合主角业务还是配角业务。

2.5.3 遇到了"孤岛职位"，跳槽也不能解决问题

管理大师德鲁克在《管理：任务、责任、实践》一书中，提出"孤岛职位"的概念，意指由于设置不合理或定位偏差导致职位的低效性。

"孤岛职位"产生的根源是认知偏差导致的职、能、责、权、利不能统一，企业管理中的很多问题都源于此，企业管理者往往出于主观原因，对某些职位进行了完美的要求，却缺乏对职位发挥作用的环

境平台的关注，结果反而导致职位正常的作用都难以发挥。

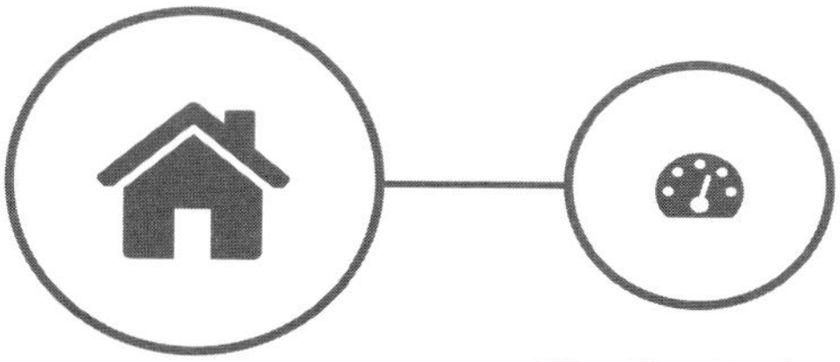

典型的例子就是我的同事小K。他在某教育企业任公关，每次聚会，他都有诉不完的苦水——“我每天那么努力，甚至大部分时间都是在加班，但是，每次加薪都没有我，就连领导的口头表扬都没有我的份。”“我们小组的业绩每次都能排在前面，但企业好像看不见我们这个部门的能力，到年底考核晋升的时候，我们部门没有一个人得到晋升，三年了啊，整整三年了。”

听得我耳朵都要起茧子了。

同事小K是配角业务的职位，本来就没有主角业务的职位受重视，领导“看不见”业绩，再能干的员工都会变得毫无斗志，郁郁寡欢。相反，在销售等岗位上员工的努力就常常被发现，经常得到加薪和晋升。

很多时候，对于和我一样从事人力资源岗位的职业，处在了变成“孤岛职位”的危机中。企业对人力资源管理越来越重视，投入了很多关注与资源，但普遍效果不佳，导致领导不满意，人力资源从业人员也深感苦恼。

很多人会想到通过“跳槽”来解决问题，我并不反对跳槽，但有时候跳槽也不是解决问题的办法。若是跳槽到了一个正在步入“孤岛职位”的企业，会面对同样的结果。

“孤岛职位”的问题一旦发生了，躲是躲不开的。如果这个问题在现在这个企业不能解决，在下一个企业也没有得到解决，那么在下下个企业、下下下个企业多半也解决不了。

所以，面对正在陷入的“孤岛职位”，一定要调整好心态。我认为没有真正的“孤岛职位”，只有你认为的“孤岛职位”。因为事情都是有另一面的，一旦通过实力和能力，从一个小小的人力资源职员，提高到了人力资源管理师，拿着国家职业资格二级证书，晋升到了高级的岗位，我认为，就会成为企业的主角。

在辨别了主角业务、配角业务以及“孤岛职位”之后，我相信你对于如何选择工作已经有了一个大致的概念和方向了。

★★★“她”的传奇应聘实习经历

我的朋友小 F 认识一个女孩，这个女孩从新疆考到北京上大学。性格上,她是一个特别外向的女孩,但是,报考的专业是电子信息,所以,她整个大学期间都特别痛苦，她也不知道自己感兴趣的是什么。

因为女孩性格开朗，大学期间经常去超市做快消品促销员。

因为她的业绩很好，从一个兼职促销员变成了一个促销企业稳定的人员，带她工作的姐姐曾和她说：“你如果对市场感兴趣的话，那么我告诉你，全世界做市场最好的企业，一个是宝洁，一个是可口可乐。”

于是，女孩就把这句话记在了心里，她觉得促销这份工作相比较电子信息类的工作，就好像给自己打开了一座新的充满阳光与希望的大门。从那以后她就特别留意可口可乐和宝洁的信息。

后来有一个机会，她得到了一个可口可乐市场员工的工作，但不是可口可乐企业的正式员工，只是一个外包企业派驻到某地方的企业，工作上接触的员工都是可口可乐的正式员工，她就选择了这个企业。

在外包做了两年多之后，就有猎头找上她，把她挖到了另一个快消品企业。于是，她就从曾经的超市促销员做到了如今的市场总监。

从她的经历，你是不是看出了“应聘”和“实习”的重要性，在校的你了解了实习的渠道和方式之后，就应该拥有一份完美的简历了。

第3章

高颜值简历炼成方法

在充分了解了职业类型、针对大学生的实习论坛/机构等渠道、校园招聘的流程后，你现在缺少的就是一份简历。

一份好的简历，是你的一张名片，更是你的一份颜值。它架起了你和企业之间的桥梁，通过这座桥梁，使得企业HR认识你、了解你。一份好的简历是可以设计和规划出来的，但是，很多应聘者不知道写简历的思路、格式，更别提设计规划简历了。

简历就像我们的着装，常常有人说你不应该看我的外表，而应该看内在。杨澜却说："谁也没有义务透过你邋遢的外表，去了解你优秀的内在。"在颜值经济时代，外表和内在很难说谁更重要，既然我们已经通过至少三四年的专业学习、实习，修炼了内在，千万不要在外在的问题上栽跟头。

本章我将帮助小X、小Y、小F和你量身定制一份"完美简历"。

3.1 实习经历+个人能力=你的简历

实习经历是大学毕业生简历的重要部分，也是求职时最有利的加分项与敲门砖。

工作经历之所以会成为简历的加分项，根本原因是应聘者由此可以验证求职者是否在过去的工作经历中得到了锻炼、积累了经验以及获得了技能。而过往的实习经历也可以提升个人能力。

3.1.1 将实习经历突显到简历中

在简历中描述你的实习或者工作经历时，一定要包含：工作内容、工作方法（或者职位）以及工作成果（或者是个人收获）。

简历一般是HR筛选员工的第一步，在收到简历而未见到求职者本人的情况下，对求职者进行的直接筛选。同等情况下，一份没有实习经验或者工作经验的简历，和一份有实习经验或者工作经验的简历的分量是不同的。

作为一名大学应届毕业生，即使你的大学是一个响当当的大学，但你没有任何实习经历，也不会给 HR 留下印象的。

很多时候，一份有吸引力的简历常常会为求职者带来更多的面试机会。所以，你在大学期间参加的社团或者活动就显得非常重要了，比如你参加了德勤 club，在这里你的团队建设、领导力发展培训、提升软技能等方面的锻炼和提高就可以写进去。这些都是你的加分点。

若你的实习经历实在是平淡无奇，就要把工作中的主要职责和自己的业绩表现等写进简历。这样一方面能弥补简历单薄的弱点，另一方面也有助于给招聘方留下具体的印象。

我曾经看过这样一份简历，对这个应届生求职者的实习经历还是颇为满意的，现在截取部分内容，以供参考。

简历 1

专业技能

计算机语言：C、C++、Java、SQL、Objective-C

编程软件：VC++

操作系统：Windows、Linux、Unix、iOS

数据库软件：Oracle、SQL Server

工作技能

从事 DBA 工作，有丰富的主机与操作系统管理、数据库管理、存储管理与规划、安全管理与规划经验；精通 PL/SQL 编程，熟悉数据库建模。

在校期间所获得的奖励
√ 与四名同学共同获得 ×× 年全国大学生学数学建模竞赛 ×× 赛区一等奖；先后获得四次一等奖学金、两次二等奖学金。 √ 先后多次被评为优秀学生、三好学生。
社会实践 / 实习经历
√ 2008.5—2009.2，Windows 下运用 Visual Basic 语言和 SQL Server 数据库，参与开发校园卡充值系统、校园卡管理系统、食堂餐饮收银系统，书写开发文档、工作日志等相关文档。 √ 2009.2—2009.10，通过 B/S 模式下的 Java 数据库编程协助老师完成了多个管理信息系统的定制开发，如 ×× 物业管理企业小区物业管理系统、×× 高速公路信息管理系统。 √ 2009.12—2010.4，在桂林市 ×× 软件有限企业实习期间，全程参与了 ×× 物流企业信息管理系统的开发，包括该信息管理系统项目的需求分析、设计、软件开发和实施。

你看，这位应届生的简历，我和小 X、小 Y 以及小 F 一致认为，他的实践经历和实习经历就是他的亮点。企业 HR 看见一份这样的简历，一般都会多加留意的。

3.1.2 个人能力鉴定表

个人能力包含很多方面，简单一点就是，包括你的学习能力：把新学的知识应用于工作中的能力；人际能力：如何与难以相处的人正常相处。

复杂一点来说，就是考验你以下几个方面的能力。

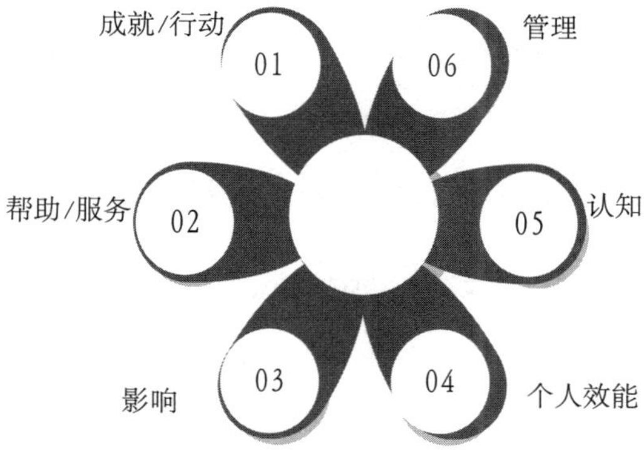

若是你的简历被通过了，并且幸运地接到了面试通知，那么，接下来就会考察你的能力，即把每一项细分成下表所示的内容，并按照对你的面试回答，在每一个“（ ）”中填写分数。

● 个人能力鉴定表 ●

岗位名称：	姓名：		填写日期：		
	维度（Dimensions）	能力（Competence）			
A	成就 / 行动	成就动机	主动性	关注秩序和质量	信息收集
		（ ）	（ ）	（ ）	（ ）
B	帮助 / 服务	同理心	客户服务意识	协作精神	预知他人感受
		（ ）	（ ）	（ ）	（ ）
C	影响	沟通能力	影响他人	建立人际关系	维护人际网络
		（ ）	（ ）	（ ）	（ ）
D	管理	命令	激励他人	培养他人	团队领导
		（ ）	（ ）	（ ）	（ ）
E	认知	技术专长	逻辑思维	分析思维	概念思维
		（ ）	（ ）	（ ）	（ ）
F	个人效能	组织观念	计划性	学习能力	创新能力
		（ ）	（ ）	（ ）	（ ）
注：根据能力的重要性，在括号中填上数字，5 为最重要，1 为最不重要，0 为不需要。					

所以，实习经历和个人能力是一个简历中呈现出来的重要内容，也是支撑整个简历的重要部分。

3.2 写简历前先读懂JD

有些应届毕业生的求职方向较为明确，那么，可以不用制订三份不同的简历，但若是求职方向不太明确的毕业生就要注意了，你可以制订三份不同的简历，同时还要根据企业JD来选择撰写你的简历。

可以说，面试其实就像是一次销售，你需要在有限的时间把自己“卖”出去，如果把自己比作产品，如药品，那么企业就像是一个患者，企业招聘其实就是想招一个人能够帮助他们解决企业里的特定问题，就像是患者要解决他的病症。

那么大家可以想一下，如果你想要销售成功，拿到这个公司的Offer，让企业愿意用你，你需要怎么做才能达到这个目的呢？做成这件事情需要具备什么条件？一个好的销售都是怎么做的呢？

其实归根结底你会发现需要做好以下三件事情。

（1）对于自己这个“产品”的了解。

这个部分我们叫作自我认知部分，如果你无法说出自己究竟是哪种类型、哪种功能的“产品”，那么企业在找你的时候是需要冒着很大风险的，所以如果一个人能够有理有据地说出自己有什么能力，能够解决什么问题，那么企业的用人风险就会降低。

（2）对于患者的了解即对于企业的了解。

要对你应聘的岗位有了解，至少要知道对方的需求是什么。不然怎么销售呢？盲目去找的结果可能就是，你讲了半天自己的“产品”特性，结果发现对方根本不符合自己的要求。

你搞清楚企业的情况之后，就可以有的放矢地去表现，知道什么地方是对方的痛点，能够吸引他们的注意力。

（3）最后执行销售这个动作，也就是呈现你自己的环节。

你知道自己的“产品”功能，也知道对方的需求，那么剩下的问题就是如何让对方感知到你就是他们需要的。

之后的简历怎么写，面试怎么做，其实只是技巧问题，都是可以解决的，最本质的是你要做好前面两个环节。

当你了解了一个企业对所招职位人才的要求，那么你的简历和面试呈现就能做到有的放矢，知道HR在考量什么，看什么，会更加清楚简历怎么写才能打动HR，面试应该怎么呈现自己。

所以对求职者来说，读懂企业JD（Job Description，岗位职责和任职资格）是十分重要的。

JD一般分为两个部分，岗位职责和任职资格。

岗位职责是表明企业期望员工做些什么、规定员工应该做些什么、应该怎么做和在什么样的情况下履行职责的汇总。

任职资格是岗位对人员应当具备的条件的说明。

即便初步了解了岗位职责和任职资格的概念，也有很多毕业生陷进了岗位职责和任职资格的六大误区。

误区一：“教育背景”应填写在职员工自己的教育背景，而不是填写公司对该岗位的教育背景要求。

误区二：“工作经验”要求填写在职员工自己的工作经验与履历，而不是填写公司对该岗位的工作经验要求。

误区三：错将岗位技能当知识结构。

所谓岗位技能，是指通过练习获得的能够完成一定任务的动作系统。初级技能只表示“会做”某件事，而未达到熟练程度。初级技能如果经过有目的、有组织的反复练习，动作就会趋向自动化，而达到技巧性技能阶段。

所谓知识结构，是指一个人经过专门学习培训后所拥有的知识体系的构成情况与结合方式。合理的知识结构是担任现代社会职业岗位的必要条件，是人才成长的基础。

误区四：错将“从事该岗位工作年限”当成在职员工自己的工作年限，而不是填写公司对该岗位的要求。

误区五：忽略性格偏好的要求，且填写在职人员的性格特征，而非填写公司对该岗位的性格特质要求。

误区六：忽略企业文化建设，忽略该岗位对企业文化的传承。

3.2.1 JD中的岗位职责

我们都知道HR在每份简历上所花费的时间是非常短的，可能只有30秒，那么如何在这短短的30秒抓住HR的眼球？

HR在“扫描简历”的过程中，一旦出现了JD当中的“关键词”，通常会很敏感地给予关注，于是HR可能觉得“这个人的简历和我们想招的人还蛮像的”。而这样的关键词从哪里找？就是从JD中去找。

正所谓“知己知彼，百战不殆”，这里，为便于深入了解岗位职责的内容和重要性，我们站在HR的角度，来看岗位职责说明书的具体内容。

岗位职责说明书一般针对全体在职员工，除非特殊岗位新增或者变动，常规是每年更新一次，由人力资源部备案修改。岗位职责说明书要求语言简练清晰，通俗易懂，描述性和职业性强。

常规的岗位职责说明书包含：职位名称、所属部门、职位编号、职位类别、职位定编、职位上级、职位概要、工作职责、职位权限、绩效指标、任职资格（经验要求、资格证书、知识要求、素质要求等）、工作条件、编制日期等相关项目。

下面以“互联网运营”这个职位为例进行分析。来看两份企业岗位职责说明书和岗位要求。

第一份岗位职责说明书和岗位要求如下。

岗位职责： 配合品牌经理运营官方微信公众号、官方微博等社交媒体平台，负责日常发布内容的素材搜集、内容策划以及文案编写。

利用新媒体特性，策划有趣的线上活动，制作有影响力、传播力的内容。

在营销节点和热点出现时，根据品牌已有素材，配合品牌经理策划文案内容和活动内容。

岗位要求： 面向2018年毕业的在校本科生、研究生，广告、新闻、市场相关专业优先。

热爱互联网，关注热点，具有网络创意性。

有良好的语言表达能力和沟通能力。

有独立运营社交媒体公众号，相关领域大号资源优先。

第二份企业岗位职责说明书和岗位要求如下。

岗位职责： 负责公众号日常运营和推广，进行相关数据分析。

掌握公众号运营的创意方法，帮助公众号传播，涨粉。

时刻关注行业动态、竞争对手动态，不断优化运营。

岗位要求： 有一定的审美能力和创意能力。

有较强的学习能力和社交能力。

有较强的逻辑思维能力，擅长数据分析。

有一定的组织策划能力。

最好是一位互联网控、社交控、段子手。

我们从第一份JD可以解读出关键信息，“品牌经理”这四个字表明是品牌部门的岗位，负责的是微博、微信；工作是要搜集优质内容再进行编写，同时还要做线上活动。

第二份 JD 中，同样是新媒体的岗位，似乎工作内容也比较一致，同样是微信、微博，但请注意，第二份 JD 出现了几个关键词：数据分析、涨粉、思维能力。

再看岗位要求还有哪些关键信息：段子手，三个字表明了未来的文案风格是需要幽默有趣的；加分项的信息透露出，这份工作未来接触的是一款婚恋的社交产品。

如果你对新媒体运营的分工有一些基本的了解，你就会发现第一份 JD 的工作主要是以品牌形象传播为主，更注重的是内容的有趣性，要求实习生的内容编辑能力比较强；但第二份 JD 的工作，工作重点是要研究如何通过各种渠道和手段可以让公众号有更多的粉丝，使用户有更好的体验。

可见，排序不一样，每项能力的权重也不一样，排在最前面的几点岗位描述基本概述了你的职责，因为 HR 习惯把重要的点放在前面，也就是说，工作职责中的前三点，基本涵盖了公司对于理想应聘者的期望。

从心理层面讲，在写岗位描述时，老板会把先想到的职责列在前面，这样的话，岗位描述中排在后面的点就是老板后想到的，也就是权重比较小的职责。

综合来说，岗位职责一般是从占比最大的工作内容开始写起，是由多到少递减的。比如，研发类岗位，第一条一般是负责某项目的研发过程中的系列问题；销售类岗位，第一条一般是负责拓展和维护客户资源，完成销售业绩。所以一般来说岗位职责前三条的内容占所有内容的 80% 以上，如果前三条的内容是你喜欢的，你可以将这份 JD 作为备选。

但不要以为岗位职责写得越少越轻松，相反，对于大多数岗位，岗位职责越详细表明企业对这个岗位设立考虑得越清晰，入职之后实际工作与当初沟通的内容差异度会越小。如果岗位职责只是写了两三句话，那么，入职之后可能会发现工作边界特别不清晰，甚至这份工作就是处理杂事的工作。

所以，身为求职者的你，解读JD要学会找关键词，出现的协作对象、工作内容、行业用词代表着不同的工作方向，当把这些关键词找出来后，就会对这个岗位有清晰的认识，知道工作方向是不是你所感兴趣的，简历究竟要体现什么，面试官会问什么，都可以做到相对精准的预测。

为了吸引HR的注意，你需要在简历中把岗位描述前几点职责的能力表现出来，运用事实例子举证你以前做过相似的工作，或者做过某件事情可以展现你有相同的能力特质，注意一定要摆事实举例子，最好每项事情都能呈现你最终做出的“业绩”。

3.2.2 JD中的任职资格

任职资格是JD中的重点，是很多毕业生关注的点，这里，我们同样先来了解HR眼中任职资格的内容和重要性。

任职资格是职位价值、职位招聘等的重要依据，任职资格的规定要严格界定为工作所要求的，本质上任职资格是岗位胜任力的要求，不是针对现有人员的要求，而是设想该职位所需的必备条件。

任职资格包括以下项目。

项目一：基本要求（包括年龄、性别、学历、所学专业、工作经验等）。

项目二：技能要求（包括基本技能和业务技能；技能的熟练程度）。

项目三：证书（所需资格证书不是职称，而是指从事本工作的资格证书）。

项目四：知识要求（包括业务知识和管理知识）。

项目五：素质要求（指该职位对任职者最需要的个性或特质的要求，也就是通常招聘简章上任职要求的那些非硬性要求）。

与岗位职责相同，任职资格的优先级也是从上往下递减的，分为三点。

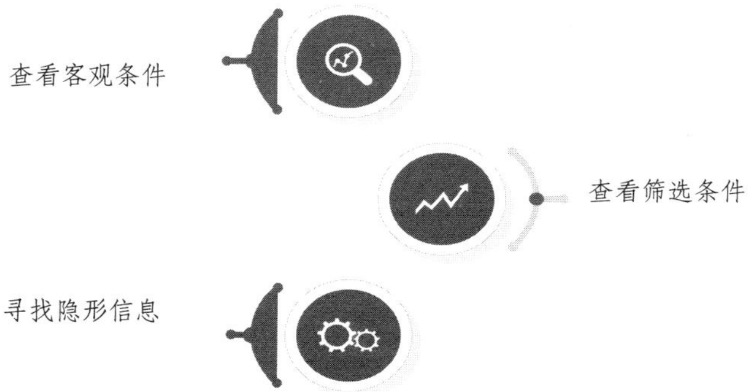

1. 查看客观条件

查看客观条件需要从学历、同岗位工作经验、年龄范围、资格证书、技能等级等方面入手，如果这些客观条件你已经达标了，那么，你的进度条已经完成了30%，如果目前阶段这些客观条件不吻合，可以来日再战，毕竟资格证书这些一般都是可以考取的。

2. 查看筛选条件

筛选的条件虽然不是必要条件，却是加分项，一般会在任职资格里体现为“具备某某经验、某某证书等优先”，如果具备其中一项，那么，你就有了一项优势，若一项都没有，也不是没有机会，因为更多的时候取决于当时的竞争环境，不同阶段，企业的用人标准也不一样。

3. 寻找隐形信息

寻找隐形信息虽然不是客观条件，也不是筛选条件，却能给你提供很多信息量。

比如能够适应出差工作，一般男性应聘胜算更高；比如你关注的一家企业常年都在招聘一个岗位，要么这个岗位不是真正在招聘，要么这个岗位离职很频繁，要格外注意；比如有些企业的岗位职责会出现一些该企业的专有名词，并不是外界通用的，如果你能够提前弄明白，会对你的面试有很大的帮助。

综上所述，若你的求职方向不明确，就要做好这一步，因为前期准备越充分对应聘越有利，根据JD中的信息有针对性地准备你的简历，才能击破应聘中的盲点。

3.3　用论文的思维写简历，面试电话接到手软

我认为大学生的简历内容一般一张A4纸就可以囊括，但这不是硬性规定，不是非要你把两页A4纸的内容全部糅合到一页中。

所谓简历，就是要简单，一两张A4纸就足以体现简历的“简”。另一点，就是简历要有“力”，这个“力”就是要有说服力，简历内容要富有逻辑性。

一般来说，企业HR看求职者的简历，分以下三步。

● HR看简历的顺序 ●

看专业	比如金融业或者银行业需要专业背景，应聘者应能够在短期培训之后迅速上岗
看实习	挑选求职者在大学所从事的实习工作和社团活动，查看求职者是否有社交和管理潜能
看成绩	班里排名。世界500强尤其注重成绩绩点（绩点是国内大部分高校评估学习成绩的一种方法）

这三个步骤的重要性不用我说，你也应该知道，HR若是按照阅读浏览步骤没能在你的简历中看到任何一项，那么很可能和你的简历擦肩而过。

那么如何才能让HR在10秒之内耐心而快速地浏览你简历的全部内容呢？这就要求你的简历内容富有逻辑性，最好是用论文的思维写简历。

3.3.1　以论文的思维写简历

简历如何写才会具有说服力呢？我们可以参考高中的政治大题答题技巧，每个大题都有相关的知识点，而每个命题都含有不同知识点的参考答案，而且答案可分割为若干知识点，阅卷老师按照参考答案踩点给分。即便你没有按照答案写出，只要表述的内容中含有关键知识点，就会给你作答正确的知识点加分。

写简历内容就像答政治大题一样，如果你写了满满一张卷子，但一个知识点都没有，同样一分也得不到，在HR看来，是废纸一张。

很多企业在招聘的时候都会对职位有明确的要求，下面是一家中外合资的服装企业在招聘营销部员工的时候，给出的岗位要求。

岗位要求

岗位要求一	英语水平达到专业八级及以上水平
岗位要求二	计算机考试通过国家二级，能熟练运用Word/Excel/PPT等办公软件，能熟练操作电脑
岗位要求三	优秀的沟通技巧和服务意识，有一定处理突发问题和谈判的能力
岗位要求四	有较强的第二外语能力者优先，法语、德语优先
岗位要求五	具有较强的团队协作能力，能够独自带领团队

从以上五点可以看出，企业对岗位提出了一个能力体系要求，如果将这个能力体系看作是一道10分的政治简答题，其中的每一项占2分，答出一个知识点就得2分。同样的，你的简历就按照你答题的方式去整理和编写，尽量写出企业所抛出的应聘岗位的所有要求，并点对点编写。这样你的简历就十分具有说服力了。

我在审核简历的时候，看见这样的简历，都会不自觉地多看几秒，要知道这多看的几秒，很大程度上就决定了你有没有面试的机会。

既然你的简历已经具有说服力，接着就要利用写论文的思维去整合这些说服力。论文思维，综合来说，就是如何用一系列的论据去论证你的论点。简历也是一样，用论据论证论点的过程就是论证自己能力的过程。

在论证的过程中，必须要注意以下四点。

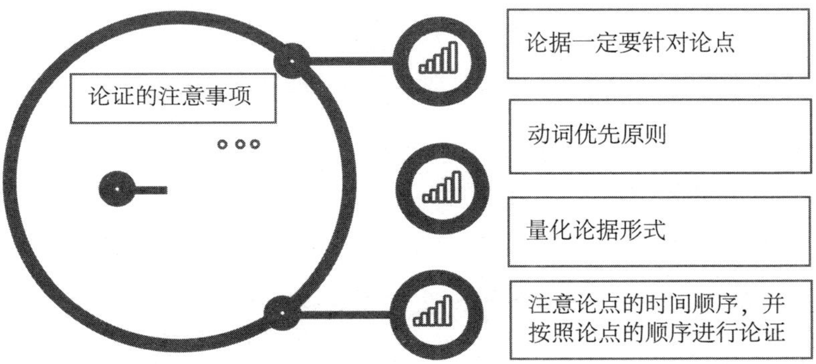

1. 论据一定要针对论点

如果简历中提到的团队协作的获奖记录是一个结论，那么你就要用你在获奖过程中担任的角色作为论据，这样便自然地论证了你的结论。

若是你个人获得的奖励，比如获得一等奖学金、演讲比赛的冠军等，这样的个人奖励证书就能够成为论证。

若是你的实习岗位作为一个结论，那么你就需要用你“实习期间做了什么事情，提高了什么能力”去论证你的结论。

值得注意的是，有些求职者在论证简历中的实习经历或者是职业经历时总会这样写：我做过 ×× 工作，工作中领导教会我 ×××，我特别感谢领导对我的培养，我的领导特别认真和负责。

小 Y 问："这段话怎么可以作为论据呢？这段论述的重点难道不应该是你做的工作，而不是你领导的优点吗？是不是有些本末倒置了？"

小 Y 说得不错，像这种分不清重点论据的简历，是不合格的。

2．动词优先原则

这个原则，就是突出你的论据的重点内容。

若是你有过工作经历、实习经历或者你在学校任过什么职位，一定要遵照"动词优先"原则，比如，我负责企业研发岗位招聘、我为校乒乓球比赛拉到了三家企业的赞助等。

也就是说，这个开头一定是"我负责"或者是"我主导"了什么，这些都是把动词放在前面。

3．量化论据形式

用量化论据的形式突显工作经历、实习经历或者在校任职经历。比如，我的学校是全国排名前 20 的大学、我的学校是全美排名第 ×× 名的学校、我获得了 ×× 企业年度十大员工优秀奖、我设计的方案得到了 10 万元人民币的投资等。

之所以要把这些内容以量化的形式展现出来，是因为阅读浏览你简历的 HR 并不一定知道你的学校是全国名校，不知道你是优秀员工，不知道你的方案得到过投资。可是，从这些量化的信息中，HR 能看出你的素质和能力，你的学习能力是没问题的。

如果你既不是全国名校毕业，也没有获得过优秀员工奖励，更没有获得过投资，那么你可以写：我得过三次奖学金、我的成绩在全班排名 ××、我的成绩平均分是 ××。HR 要的是你的实际能力和实践能力。

4．注意论点的时间顺序，并按照论点的顺序进行论证

这一点就是要按照论点时间顺序写教育背景、工作经历、获得奖项。

有两种时间顺序可以选择。

（1）由远及近。

（2）由近及远。

也就是顺着论点的顺序进行论证，论据也要充分论证论点。若你是理工科的学生，那么你就应该把你参与过的科研项目逐一列出，尽可能地把经验写得详细和全面。甚至，项目的起始时间、你在中间扮演的角色、项目研究的方向都列出来。

3.3.2 英文简历同样需要论文思维

若是英文简历，该如何处理呢？同样需要像中文简历一样用论文思维编写。但我这里要强调下面几点注意事项，如下图所示。

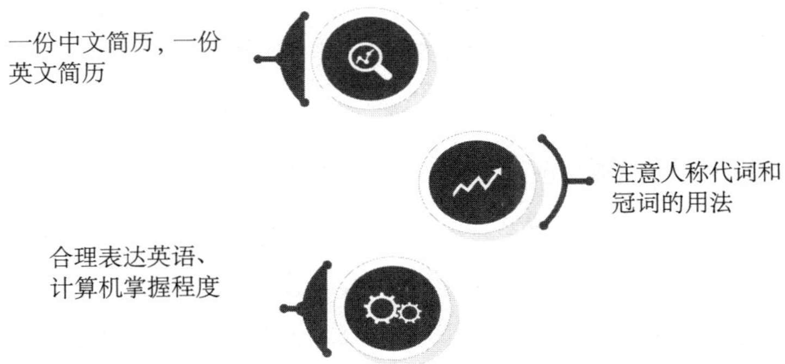

1. 一份中文简历，一份英文简历

做出一份一页的中文简历，再根据中文简历翻译出一份一页的英文简历。

这里小F发现了一个问题，就是在翻译过程中，若是交给Google翻译，翻译出的内容，有时会令人哭笑不得。这时你就要借助专业的英文翻译软件，之后最好再请你英语专业的朋友、英文老师帮你仔细检查是否有语法等错误。

2. 注意人称代词和冠词的用法

英文简历中不应该出现“I”或者“I am”等称呼，并且尽量用冠词。

3. 合理表达英语、计算机掌握程度

如果你没有任何证书等事实来证明你对英语的掌握程度，那么，可以用“有多少课程是全英文教学”“曾在英语国家交换半年”等代替。

如果相关经历也没有，只能用一些词汇来表达掌握程度，那这些词汇应表达准确，对一门外语的掌握程度常用的表达有（从强到弱）：Native speaker、Advanced、Fluent、Intermediate-level、Some knowledge、Conversational、Basic、Beginner。

这些词汇表达了你对语言的掌握层次：Native speaker 指母语；Advanced 指掌握程度达到高级水平；从严谨的角度讲，Fluent 显得更流利；English as working language 显得非常不流利，但可靠性更强；Some knowledge 会一些，没有把握的千万别写。但是，在面试中，语言是最容易考查的，一旦被考倒，HR 会认为你是在撒谎。

对计算机技能掌握程度的表达与英语水平掌握程度略有不同，一般来说，表达计算机熟练程度常用如下词汇（从强到弱）：Master user、Proficient、Frequent user、Familiar。

这里，我建议你使用这些词汇的全称，而不是其中表述不清的某个词语，如 Familiar 的意思是“熟悉”，但在 HR 眼里，你就是不熟悉的，因为没有表明你的熟悉程度。当然，你也可能在撒谎。

用写论文的思维整理编写你的简历，既有说服力又有逻辑性，你学会了吗?

3.4 三份简历，三套装备

不同的职位对应聘者有不同的要求。若你是按照职业规划找工作的话，那么一份丰富又有逻辑性的简历就相当于面金牌。

可当今社会的大部分学生未必就是按照职业规划来找工作的，于是出现了工作不理想、专业不对口等问题，导致一份用论文思维写出的“上等”简历不能物尽其用。

所以，不要把所有鸡蛋放在同一个篮子里，应该准备三份简历。

你若是计算机专业的应届毕业生，既想找软件开发类的工作，又想在 IT 行业找维修类的工作，还想找数据管理类的工作，那么你可以准备以下三份简历。

第一份简历：重点论证你所具备的软件开发能力，论证你在大学的时候参加过哪些项目，论证你的实习经历或者是社会实践经历。

第二份简历：重点论证你的计算机水平，论证你在大学或者是实习期间做过哪些较为突出的计算机维修工作，论证你的团队协作能力。

第三份简历：重点论证你在大学或者是在实习期间参与的数据运行项目或者工作，论证自己的管理能力、团队协作能力，以及能够胜任此项工作的能力。

我这里说的三份简历不是定数，它是一个下限，可以是四份简历，也可以是五份简历或更多。

编写和整理简历，不是一件一劳永逸的事情，随着热门行业的突出、社会的发展以及个人的职业规划等，需要你不断调整和修正，准备三份简历绝对比只准备一份简历要有优势。

3.4.1 根据专业写简历

根据自己的专业撰写简历，是一种好的方法。可以将简历分为专业对口型简历、专业相关型简历以及专业不相关型简历。

这三种简历有哪些特点呢?

1. 专业对口型简历

专业对口型简历，是寻找岗位的主要选择，比如律师、医生、程序员等，这类岗位需要对口的专业知识和技能，要突出你的专业能力。

（1）你需要在简历中的教育背景方面突出你的专业能力。

（2）你需要在专业技能方面对你的专业能力进行鉴定。比如你是学计算机软件开发的，你的计算机语言应为 C、C++、Java，并且能够独立、熟练地操作数据库软件如 SQL Server，编程软件如 JBuilder、VC++。这些都是可以完美地突出你的专业能力和水平。

（3）你需要在你的实习经历上突出你的专业性。比如你参与了哪些软件的开发、参与建立了哪些软件系统，即描绘你在项目、实习过程中担任的专业角色，使用的专业方法以及解决的技术难题等。

2. 专业相关型简历

专业相关型简历，是寻找岗位的次要选择，比如产品经理、文案职员等，这类岗位需要相对的专业知识和技能。

专业相关型工作岗位需要管理或专业对口型人才，若是你的专业能力不能完全被应用和实践，岗位会要求你专业能力之外的能力，比如你的管理能力、协调能力、沟通能力以及处理问题的能力。

所以，在这样的简历上，你除了要在突出你的专业能力之外，还要多突出你的管理能力、协调能力、沟通能力以及处理问题的能力。

若你是电子商务专业的学生，你所愿意的企业招聘岗位是与你专业相关的岗位，那么，你就应该在你的教育背景和专业技能中多渲染你的专业能力，并在实习经历中多渲染你其他方面的能力。

3. 专业不相关型简历

专业不相关型简历，是寻找岗位最次要的选择，比如房屋销售、店面经理等，这类岗位就不太需要专业知识和技能。

对于与专业不相关的简历，就不需要对专业学习和背景进行过多的渲染，最好不把你与专业相关的奖项、经历写到简历中。但若你曾经的实习单位是一家名气非常大、又是很多求职者所向往的企业，那么，你不妨换一个角度进行描述，避开你过多的专业能力，着重渲染你思考问题、解决问题的能力以及职业素养。可以说，专业不相关型简历，针对的是一个跨行业又跨专业的岗位，最重要的是，你应该突出你的亮点和能力。

为了申请该行业岗位而做出的努力，可以是与该行业相关的一次比赛中的排名，可以是你自己所做的充足的知识准备。

让企业 HR 知道你已经掌握该行业的知识，证明你做好了“跨行跨专业”的准备，而且拥有快速学习能力和才智去融入新的行业。

3.4.2 “鸭子理论”式写简历，突出优势

在讲鸭子理论前，先看一幅图。

小 X 和小 Y 认为这是一道连幼儿园小朋友都会的问题，对他们来

说有点大材小用。因为这只动物有扁扁的、黄色的嘴和扁扁的、黄色的脚，显然，这些都是鸭子的特征。你是否赞同小X和小Y的观点？

正如乔布简历的创始人Rick Ma所说，你要是只凭扁扁的、黄色的“鸭嘴”和“鸭掌”就判断是只鸭子，是不是太草率了？

若是从动物学和生物学的角度出发，做个深度的解剖，就能够判断出它究竟是什么。

在生活中，我们不会通过严格的生物学的角度和方式去判断鸭子。我们判断鸭子，就看鸭嘴和鸭掌。乔布简历的创始人Rick Ma给鸭子打上一个标签：鸭嘴、鸭掌。他认为只要有鸭嘴、鸭掌，就是鸭子！只要没有鸭嘴、鸭掌，不知道是什么，反正不是鸭子。

一份简历你可能需要花几个小时准备，几天打磨，但是HR可能只要10秒的时间来判断你是否符合岗位要求，所以你的特征，就是你的“鸭嘴、鸭掌”要特别明确，一眼就能看到你的特点、你的优势。

比如，你的意向岗位是一名设计师，那么，你的简历重点就可以这样写。

突出优势的简历

教育经历			
		硕士	2010.09—2014.06
经济管理学院	注册会计师专业	本科	2006.09—2010.06
专业技能			
计算机操作，熟练使用Adobe Photoshop、Illustrator、CorelDRAW、Adobe Flash、SAI设计软件			
设计相关实习经历			
××文化传媒策划有限企业	助理设计师		2012.11—2013.03
• 搜集相关素材。找同类设计方案的案例，寻找素材库里的相关图片。			
• 对素材进行美化调整等处理。			
• 负责策划部门的文件刻盘。			
××广告企业	平面设计师		2013.09—2014.03
• 负责平面广告设计（海报\报纸广告\宣传单\喷绘画面等）。			
• 负责包装设计，如产品的外包设计。			

简历要突出你的优势，让 HR 一看就知道你是个干设计师的料。

简历中的艺术设计学院平面设计专业就像那只鸭子的“鸭掌”，你的 ×× 文化传媒策划有限公司助理设计师和 ×× 广告企业的平面设计师的实习经历也像那只鸭子的“鸭掌”。

让 HR 对你的能力越了解，你就越容易得到你想要的岗位。

3.5 系统优化，升级简历形式

作为找工作的第一个敲门砖——简历该如何设计呢?

由于工作关系我有机会与众多知名企业的 HR 沟通这个问题，包括银行、互联网、地产等行业 HR，这几个领域所收到的简历相对来说比较多，也是应届毕业生比较青睐的行业。

一份简历到 HR 的手上一般有三种结果：要么忽视；要么仔细看看，约来面试；要么待定。对于应届生来讲，第三种结果约等于第一种，基本上没有更多的机会。中国每年有 700 多万应届毕业生，在中国任何一家世界 500 强企业每年校园招聘收到的简历都超过 10 000 份，如果你希望自己能脱颖而出，就要让简历成为“第一眼美女”，起码让简历在 HR 手中停留的时间超过 10 秒。

那么，HR 做出这三种判断需要多长时间呢?

法国人通过计算得出的时间是 20 秒，因为 HR 每天要看 300 ~ 400 份简历。而在我这里，可以说是 10 秒。因为没有一个 HR 每天只处理简历，所以这个时间就会被缩短。

看到这里，小 X 开始抱怨：“凭什么我辛辛苦苦制作的简历，HR 用 10 秒就看完了？凭什么我寒窗苦读北交大的教育背景，HR 连看都不看就否定了？”

事实上，有时候，并不是你的简历内容不过关，而是你的简历格式不过关。

在制作简历的时候，很多求职者都把心思放在如何撑满一张纸上。恨不得把这张纸填得不留一丝缝隙。内容虽然很重要，可是应该关注一下这张纸的格式，以及一些经常忽视的小问题。

我们一致认为，简历中的如下小问题很重要。

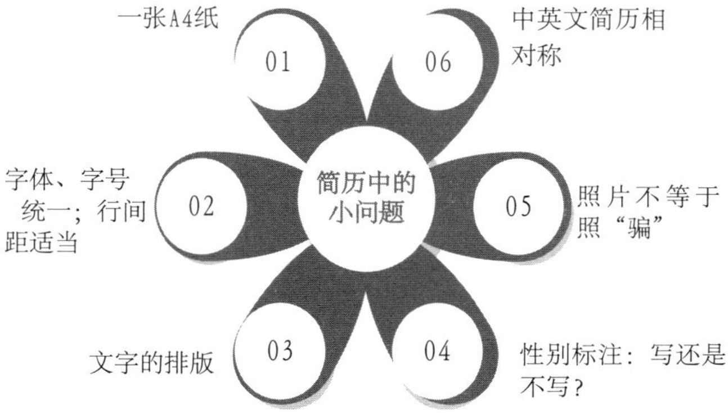

纸张的大小，文字的排版，字体、字号的统一，行间距的适当，个人信息中的性别和照片，虽然我列举的是一些小问题，很多都是超脱于内容之外的存在，可一旦被火眼金睛的HR看见了，甚至会直接忽视你丰富的简历内容，HR会认为你的态度不端正，那么，就直接出现第一种结果：简历被扔进了垃圾桶。

下面针对这些问题，我逐一进行分析。

3.5.1 一张A4纸

对于大二、大三的学生，以及应届毕业生来说，简历内容一般集中在一张A4纸就足够了。我见过一些应届毕业生的简历，足足有五六张，拿到这么丰富的简历，我心想，这位求职者一定是具有丰富的获奖经历、实习经历。作为HR的我，到底该不该仔细看？开始的时候，我还是会一页一页地看一遍，寻找简历中的亮点。可谁知，一分钟都过去了，所谓的亮点，一个没找到！

所以，对于毕业生而言，一张 A4 纸就足够把你的个人信息、教育经历、获奖经历、实习经历、专业技能全部包含在内。

同时，在简历左上角的三分之一处，尽可能地突出你的优点，也就是你最想让 HR 看见的内容，或者是你最想让 HR 了解的信息，可以是姓名、学校等。

下图是小 Y 的这份简历，在简历的左上角，明确地写出了想让 HR 看到的信息。

小 Y
个人简历 1

年　　龄：25　　　　性　　别：男
学　　历：北京电影学院动画设计专业
实习研究：×× 网络设计企业设计部职员
求职意向：互联网交互设计
联系方式：152××××××7270
邮　　箱：service@×××.com

3.5.2　字体字号的统一

我拿到一份简历，在 10 秒之内，若是发现简历中有 3 种及以上的字体，我的内心就凉了一半。但如果应聘的岗位是设计和美术专业的岗位，一张简历中同时含有 3 种字体，是可以加分的。

除了设计和美术岗位的简历，大标题最好只用一种字体，即全文简历字体保持一致。也可以根据个人的不同要求，选择两种字体，即大、小标题可用一种字体，内容可用另一种字体。

若你的简历是打印版本，可以选择用黑体（或者加粗宋体）做标题，用宋体做正文。黑体主要用于屏幕显示，虽然看起来美观得体，但打印出来的效果其实不是很理想。

若你的简历是英文简历，我建议你选择 Times New Roman 字体。

以上简历中包含的内容，最好使用 1.5 倍行间距。

再者就是字号的选择，根据简历的内容来划分，一般有如下 3 点需要注意：

（1）名字和标题放在 A4 纸的左上角，可选择大一点的加粗字号，以便和正文区分，且不做任何修饰。

（2）名字和标题下方的精练版个人简历，字号同正文，字体可选宋体，不加粗。

（3）教育背景、实习经历、课外活动、个人能力、兴趣爱好等详细内容中的大标题，选择大一点的字号，可以和正标题同样大小，也可以小一些，字体加粗。英文标题则可选 Times New Roman 字体，加粗。而正文应该选择宋体或者 Times New Roman 字体，不加粗，不做修饰，可以选用 bullet point 分条列示。

这里需要注意的是，若你准备中文简历，文字内容不要用斜体，不要使用下画线，不要和标题一样加粗。

这里我以会计专业应届毕业生的教育经历、专业技能和实习经历为例，进行简历的展示。

简历表部分内容

教育经历 中国人民大学（985）经济管理学院 注册会计师专业 本科 2006.09—2010.06
专业技能 • 计算机操作，熟练使用 Excel、Word，会使用金蝶财务软件；熟练使用办公 OA 系统，熟悉网上报税流程，会用防伪税控机打发票。 • 办公设备使用，熟练使用复印机、传真机、打孔机，熟练装订账表，并有驾驶证 C 本，能够熟练驾驶。

财务相关实习经历

一、×× 会计师事务所　　审计助理　　2009.11—2010.03

• 参与 ×× 咨询公司的年度审计项目。

• 协助编制 3 家子企业工作底稿及报表，独立完成 4 册底稿的抽样检查。

• 核对报表附注，并整理装订案卷近 35 册。

二、×× 房地产企业　　财务部实习　　2009.03—2009.08

• 协助审核每日房屋销售租赁报告，核对金额，确保金额正确无误。

• 制作审核工作文档，编写审核报告。

你看，这份简历中的内容在格式上很工整，看起来十分舒服。

3.5.3　格式的排版

HR 通常会先用 30 秒至 60 秒浏览一份自荐材料，30 秒至 60 秒内 HR 便会做出决定继续浏览自荐材料的其余部分还是直接跳过这位求职者。

所谓浪费就是占用了资源又没有产生价值。所以，一切不能帮助你说明“人职匹配”的内容，就是一切浪费 HR 注意力的元素，要尽量删减。

这里介绍五大经典排版原则：降噪原则、亲密原则、对齐原则、重复原则、对比原则，只要熟练运用这些原则，甚至可以说只要不违反这些原则，就可以帮助求职者赢过绝大多数对手的排版设计。

1. 降噪原则

颜色过多，字数过多，图形繁杂，动画拖沓复杂都是干扰，需要做“降噪”处理。通常单页面不超过 3 种颜色，使用字体不超过 2 种。

求职者在设计简历时，不妨经常把页面拿远一些看看，是否“一目了然”。

2. 亲密原则

求职者在设计简历时，根据需要把某些相关元素摆放在一起，目的是使结构更加清晰。

亲密意味着存在关联，HR会自然而然地认为那些距离较近的内容是属于一个整体的；同样也会认为那些距离较远的内容之间没有什么联系。

求职者在进行排版设计时，要有意识地注意你是怎样阅读的，你的视线怎样移动：从哪里开始、沿着怎样的路线、到哪里结束、读完之后接下来看哪里。整个过程应当是一个合理的过程，有确定的开始，而且要有确定的结束。

所以，亲密原则的目的是实现条理性和组织性，使页面更容易阅读，更容易被记住。

微微眯起眼睛，统计你的眼睛停顿的次数来数一数页面上有多少个元素，斟酌这些元素是否可以归在一组建立更近的亲密性，使之成为一个视觉单元。

要让HR的眼睛在你自荐页面上的每一次停顿都有意义，帮助你走向面试。

如果亲密性设计做得足够好，那么页面上也就有了足够的“留白”。亲密性做得不好，往往会让HR有“喘不过气”的感觉。

3．对齐原则

不仅仅是简历排版，任何元素都不能在页面上随意摆放，每一项都应当与页面上的某个内容存在某种视觉联系。

对齐的根本目的是使页面统一而且有条理。各元素就好像被无形的线条贯穿在一起。版面设计的最大忌讳就是出现孤立的、没有关联的元素。

避免使用多种文本对齐方式，尽量避免居中对齐，因为左对齐或右对齐会让文本联系在一起的那条看不见的线更明确，左对齐和右对齐的文本看起来外观更清晰、效果更分明。如果刻意想要一种正式、稳重的感觉（当然也比较乏味）可以用居中对齐。但是页面上只应使用一种文本对齐方式，全部左对齐或右对齐或居中对齐。

4. 重复原则

重复原则就是在页面中多次使用相同或相近的元素。

重复元素可能是一种字体、一条线、项目符号、颜色、设计要素、某种格式、空间关系等。HR 能看到的任何方面都可以作为重复元素。

重复是为了给人协调和统一的感觉，并增强视觉效果。页面视觉效果好，简历看起来就更有趣，也往往更易阅读。

即使在只有一页的文档中，重复元素也可以建立一种连续性。重复还会为你的简历带来专业性和权威性，因为重复显然是一种经过深思熟虑的设计决策。

要避免的是太多的重复一个元素，太多的重复将混淆重点，或者说，太多的重复违背了“对比原则”。

5. 对比原则

对比原则就是突出事物的不同之处。

对比能吸引眼球，在增强页面效果的同时，有助于信息的组织。

如果两项不完全相同，就应当使之截然不同。倘若两个元素存在某种不同，但差别不是很大，那么这样的效果并不是对比，而是冲突。比如，不要将棕色和黑色进行对比，不要将 0.5 的线宽和 1.0 的线宽进行对比。

几乎所有的设计元素都能成为对比的对象。比如大字体与小字体的对比；雅黑字体（无衬线字体）和宋体（衬线字体）的对比；冷色与暖色的对比；字体加粗或倾斜或加下画线的对比；间隔很宽的文本段和紧凑在一起的文本行的对比，等等。

3.5.4 性别标注：写还是不写

有些求职者不喜欢在简历中标注自己的性别，曾经有一家主要出版青少年类图书的出版企业，意向是招聘一名女编辑，收到了叫“秦秋子”的求职者简历，一看姓名加上丰富的简历内容，该企业的 HR 马上就给这位“秦秋子”发送了面试通知书，没想到面试那天，却来了一位男士，结果自然是没有通过面试。

我的姓名曾经被很多人误认为我是一位男士，并且在很多社交场合出现了不必要的尴尬。所以，在简历中写明性别，还是十分必要的。

3.5.5 照片不等于照“骗”

我真心奉劝你，照片的修饰千万不要太离谱、太夸张，也不要出现照片模糊的现象，这样给 HR 的感觉就是这份工作不被你重视。

有的求职者会贴一张大头贴，或者 45 度角自拍照，甚至是放角色扮演类的照片，还有一些求职者照片是歪的。这些放照片的方式都是不可取的。

简历中尽量放证件照，不要放其他照片，可以适当地进行皮肤和亮度的修饰。关于简历中不合格的照片问题这里列举两个案例。

照片错位简历

<table>
<tr><td colspan="2">姓名　王磊夕</td><td>性别　女</td><td rowspan="4"></td></tr>
<tr><td colspan="2">身份证号码 371421××××××××0069</td><td>生源地 山东省</td></tr>
<tr><td>民族 汉族</td><td>政治面貌 团员</td><td>婚姻状况 未婚</td></tr>
<tr><td>身高 170cm</td><td>体重 55kg</td><td>特长 绘画</td></tr>
<tr><td colspan="4">毕业院校及专业</td></tr>
<tr><td>本科及以上教育经历</td><td colspan="3">2017 年 09 月至 2019 年 06 月，北方工业大学，会计，硕士研究生，硕士（统招）
2012 年 9 月至 2017 年 6 月，山东财经大学，审计学，本科，学士（统招）
2012 年 9 月至 2016 年 6 月，山东财经大学，法学，本科，学士（辅修）</td></tr>
<tr><td>高中教育经历</td><td colspan="3">2009 年 9 月至 2012 年 6 月，山东省德州市 ×× 中学</td></tr>
</table>

社会实践经历	2014 年 9 月至 2015 年 12 月，××× 房地产销售有限公司，负责销售前期准备工作及实际销售活动 2015 年 9 月至 2018 年 10 月，××× 会计师事务所，协助抽查复核凭证，整理资料

有的简历不但照片排版有问题，连受教育的经历、工作经历的描述都漏洞百出，令 HR 质疑简历的真实性。下面这份简历是我在 2017 年 3 月收到的，简历中的教育经历竟然已经写到了 2018 年，收到这样有漏洞的简历，HR 会怎么处理呢？很显然会把简历弃之不用。

● 照片错位，学习时间有误简历 ●

<table>
<tr><td colspan="2">姓名 杨磊</td><td colspan="2">性别 男</td><td rowspan="3"></td></tr>
<tr><td>民族 汉族</td><td>政治面貌 团员</td><td colspan="2">婚姻状况 未婚</td></tr>
<tr><td>身高 178cm</td><td>体重 165kg</td><td colspan="2">联系方式 13×46845×××</td></tr>
<tr><td>高中以上教育经历（此处有误，可以谅解）</td><td colspan="4">2017 年 2 月至 2018 年 10 月（此处有误，不可谅解），澳大利亚莫纳什大学，银行金融学，硕士研究生，硕士，非保送
2013 年 9 月至 2016 年 6 月（疑似有误，本科学制一般为 4 年），哈尔滨商业大学，会计学，本科，学士，非保送
2013 年 9 月至 2016 年 6 月，哈尔滨商业大学，国际经济与贸易，本科，双学士，非保送</td></tr>
<tr><td>高中教育经历</td><td colspan="4">2009 年 9 月至 2012 年 6 月，黑龙江省鸡西市 ×× 中学，文科</td></tr>
<tr><td>专业技能</td><td colspan="4">通过 CET6（556）
熟悉运用 Microsoft Office 软件
会计上岗证、初级会计师证</td></tr>
<tr><td>社会实践经历</td><td colspan="4">2012 年 12 月至 2013 年 2 月，××× 银行（鸡西分行），从事会计业务，对相关业务进行审核
2016 年 12 月至 2017 年 2 月，××× 银行（鸡西分行）参与对企业信用水平评级</td></tr>
<tr><td colspan="5">本人声明：本人承诺以上内容真实有效，愿意银行对相关信息进行调查核实，并承担因不属实所带来的一切后果。</td></tr>
</table>

3.5.6 中英文简历相对称

有的岗位可能既需要汉语水平，也需要外语水平。多数外企对英文有要求，即需要一份英文简历，若只需要英文简历，可按照上述格式要求进行准备。

若需要准备中英文两份简历，就千万不要出现两份简历不一致的状况。

3.6 “一键美颜”提升简历颜值

很多事情都需要“颜值”，简历也是如此，它是能体现你价值的一个证明。现在，很多网站会提供不同企业、不同行业需要的简历模板。这种专业的简历模板，会给 HR 更好的视觉效果，而且大部分可以直接下载使用，当然，你也可以在此基础上调整和修饰。

根据不同的求职意向，还提供了保险、材料、财务、电气等针对不同专业和岗位的简历模板。若你选择的是电商，会将电商的简历模板进行细分，比如有应届生初次寻找实习工作简历模板、电子商务运营简历模板、电子商务运营推广简历模板、互联网交互设计岗位个人简历模板、产品助理简历模板等各种有针对性的简历模板。

大部分人选择的是适合打印和邮件发送版本的简历，除此以外，乔布简历还提供了以下三种简历的形式。

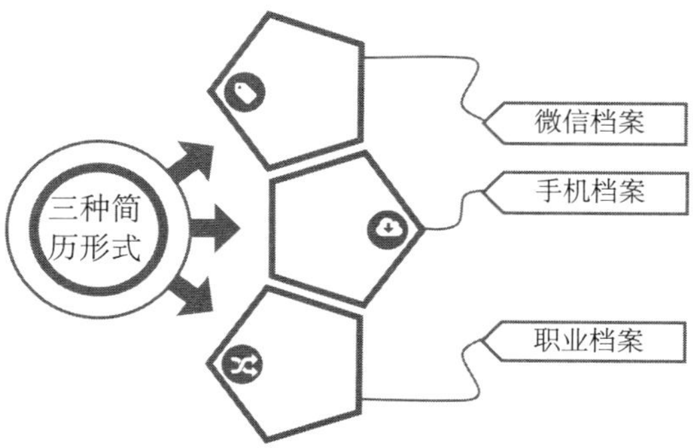

除了电子版和纸质版简历之外，为了方便沟通与传播，乔布简历还提供了简历微信档案、能把简历装进口袋的手机档案、适合在线求职和社交的职业档案。

★★★小 Y 的个人简历

下图是在设计好的简历模板的基础上，结合本章的简历设计和制作知识，我帮助小 Y 稍做修改，成为一份小 Y 自己的简历。

● 小 Y 个人简历 2 ●

年龄： 26　　**性别：** 男

学历与专业： 北京电影学院动画设计专业

实习研究： ×× 网络设计企业设计部职员

求职意向： 互联网交互设计岗位

联系方式： 152××××7270

邮箱： service@×××.com

专业技能： 熟练使用 Photoshop，Flash，Visio，Axure，DIV+CSS 语言

教育经历

2012.09—2016.06　就读于北京电影学院，动画设计专业，本科

◊ 奖学金：学习优秀奖学金一等奖

◊ GPA：3.8/4.0

互联网交互设计经历

2015.07—2016.06　学院优秀项目：动漫 APP　移动 APP 设计

◊ 参与设计潜在用户调研工作，并负责 APP 的整体流程框架和交互设计，少量运用 Axure 和 Photoshop 技术。

◊ 动漫 APP 是一款旨在免费帮助学生寻找并分享移动课程的手机应用软件。

◊ 项目展示链接：×××××.com

其他产品设计经历

2013.10—2013.11　数码矢量图形设计项目，动漫产品设计成员

◊ 负责动插图设计、动漫主体绘制。

◊ 优化版式设计，提高美感。

2013.12—2014.06　“轻武器瞄具可靠性试验设备”项目成员

◊ 参与制定三维动画制作渲染输出工作。

◊ 负责影视后期合成、电脑音乐添加等工作。

软件技能
◊ 绘图软件：Photoshop，Flash，Dreamweaver ◊ 原型制作：Visio，Axure ◊ 前端语言：DIV+CSS 语言，HTML 语言等
兴趣爱好
◊ 热爱设计，喜欢阅读各类设计相关杂志和书籍；唱歌，热爱音乐。

从小 Y 的这份简历我们可以看出：

（1）在一张 A4 纸的左上角部分展示了个人重要信息。

（2）已标注出年龄、性别、联系方式。

（3）简历分为三层，且简历格式整齐。

（4）简历中的互联网交互设计经历、其他产品设计经历采用论文思维中的论证法，用实习内容论证实习经历。

（5）采用动词优先的原则，如“其他产品设计经历”中的第二个经历“轻武器瞄具可靠性试验设备项目”的工作内容：负责影视后期合成、电脑音乐添加等工作，除此之外，其他内容中也均遵循了动词优先的原则。

（6）简历中的内容可以在《简历自检表》中查看。

第 4 章

HR 大神们，收下我的简历吧

现在有很多投递简历的方式，大多数人通过招聘网站直接投递给企业。有时我们只能在联系方式处看到一个投递邮箱，试想如果投递邮箱是一个 QQ 邮箱你是否还会投递简历？同理，当我们投递简历时最好准备一个正式且能及时查阅到面试通知的邮箱。

有些求职者是聪明的，在制作完一份完美的简历之后，在线上投递时，选择了专业的投递邮箱，并且在我比较不忙碌的周三收到了他的简历，简历中还附带了他的问候语和结束语。

无论是线上投递、线下投递以及内部推荐的简历中的任何一种投递方式，都需要你认真对待。

4.1 选择HR邮箱，而不是企业邮箱

在一切就绪之后，也就是你查看了企业的JD并准备好了一份完美的简历之后，你就可以投递简历了，但要注意的是，投递简历也是有“套路”的。

很多学生在投递简历时会避开企业HR的邮箱，而直接投递到企业邮箱里，这样往往会出现没有回信的现象。

企业HR发布的可投简历邮箱，就是为了查收求职者简历而设置的专用邮箱，你在企业官网上查找到的企业邮箱并不是企业招聘的专用邮箱，就算你投递了，也会被忽视。

4.1.1 了解不同的投递方式

就目前投简历的方式来说，大部分人都会选择网投简历，网投简历有以下两种途径：

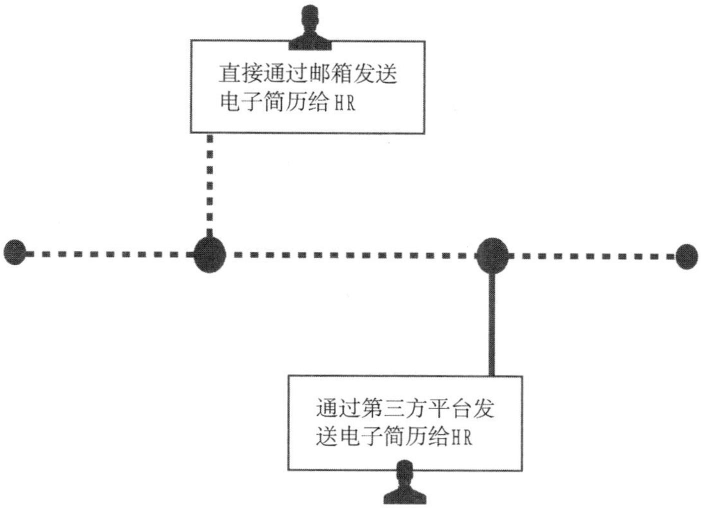

1. 直接通过邮箱发送电子简历给 HR

一些企业在网上发布招聘信息时，会留下 HR 的联系邮箱，这时，你可以用 E-mail 发送电子简历到 HR 的邮箱。

这里我想要重点说明一下：通过电子邮箱投递简历究竟是正文发送简历还是附件发送简历？

附件形式发送的简历可以完全保证简历格式，方便 HR 下载打印。但多数外企邮箱容量有限，且对附件有严格的限制。同时为了防止电脑病毒传播，很多企业的邮件系统是不允许来件中带附件的。如果你没有仔细辨别具体的投递方式，那就糟糕了，因为会出现带附件的邮件直接被删除的情况。

由于这个原因，很多企业的 HR 在接收简历的时候，会选择 Gmail、Sohu 等公共邮箱，也会使用不能接收附件的企业邮箱。如果这样，就需要你将简历以电子邮件正文的形式发送。

但正文发送和附件发送有哪些优缺点是你要了解的呢？

正文发送简历的优点有如下几个。

优点一：企业HR无须下载附件，打开邮件正文即可看到简历内容。

优点二：纯文本格式，企业HR不会因为电脑没安装某种软件而打不开文档简历文件（如PDF、Excel等格式）。

正文发送简历的缺点有如下几个。

缺点一：正文中简历格式由于邮件编码、邮件发送及转发等原因容易混乱。

缺点二：正文中贴照片比较困难。

附件发送简历的优点有如下几个。

优点一：完全保证简历格式，方便HR下载打印。

优点二：简历中的照片格式和清晰度不受影响。

附件发送简历的缺点有如下几个。

缺点一：附件较大时，邮件发送过程中可能会因为不稳定因素而导致发送失败。

缺点二：出现被企业拒收或者删除的现象。

那么，在你投递简历时，该如何选择简历投递方式呢？这就要查看企业的招聘信息中是否注明了简历投递方式。

若是招聘信息中没有注明是采用正文还是附件，该怎么办？别急，我告诉你一个小窍门，即查看企业接收简历的电子邮箱类型，是企业系统邮箱还是Gmail等公共邮箱。如果是企业系统邮箱，可以采用正文发送简历；如果是企业的Gmail等公共邮箱，可以采用附件发送简历。

2. 通过第三方平台发送电子简历给HR

第三方平台一般包括大型的人才招聘网站、学校里的就业指导平台和专业的测评网站。一般情况下这三种平台都会提供简历填写和简历发送功能，你可以通过这些平台发送简历给HR。

从网投的途径来看，这种投递方式有一个弊端，就是你的邮件名称会与其他求职者一样，比如“应聘 ×× 职位，来源 ×× 人才网站”，所以需要通过第三方平台发送简历的话，一般不如使用自己的邮箱发送时更醒目、突出。

但若是你想保留第三方平台的简历模板来发送简历，可以先把简历发送到你自己的邮箱，然后修改邮件名称后再发送给 HR。

4.1.2 选择你的私人邮箱

无论哪种投递简历的方式，前提是你要选择好自己的邮箱。

这里我要强调以下两点。

第一：选择你的私人邮箱投递简历。

第二：投递的是对方企业的 HR 邮箱，而不是对方的企业邮箱。

如何选择你的私人邮箱呢？

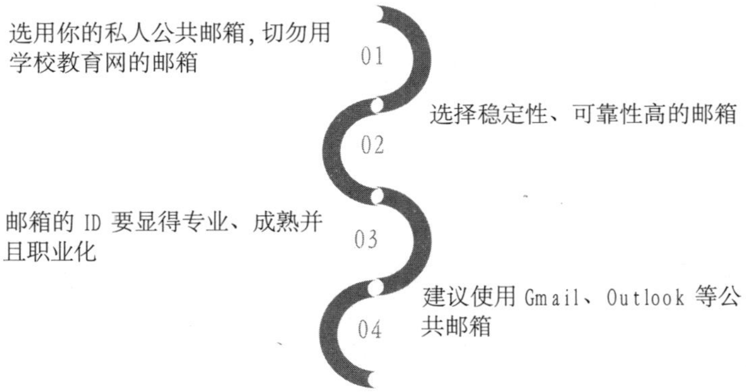

1. 选用你的私人公共邮箱，切勿用学校教育网的邮箱

你的简历应该从你的私人邮箱中发出，而不是学校教育网的邮箱。有时候，我会收到一些来自学校教育网发来的邮件，点击打开的时候，却发现是求职者的简历，我认为这是非常不正式的投递方式。

2．选择稳定性、可靠性高的邮箱

选择不太稳定和安全的邮箱可能产生的后果——简历丢失导致对方没有收到。

3．邮箱的ID要显得专业、成熟并且职业化

简历的ID要显得专业、成熟并且职业化，以下几个邮箱名称是我曾经看过的，对号入座，你看看你的邮箱格式是哪一种。

第一种邮箱格式：12345678@qq.com。

第二种邮箱格式：beautifulgirl@foxmail.com

第三种邮箱格式：qxt@gmail.com。

对上面这三种邮箱的格式，我将一一为你解读。

第一种邮箱格式12345678@qq.com，邮箱名称全部是数字，且邮箱种类是QQ邮箱。

第二种邮箱格式beautifulgirl@foxmail.com，这种邮箱虽然属于专业邮箱，但是以英文短语命名，形式不是非常规范。

第三种邮箱格式qxt@gmail.com，这种邮箱是以缩写和简称命名的，建议扩充为姓名的全称。

说了三种不合适的邮箱格式，那么，到底哪种邮箱格式是合适的呢？我建议你使用以下几种形式：

第一种邮箱格式：中文名字的全拼，如LiuXiuli@foxmail.com。

第二种邮箱格式：英文名+中文姓氏，如lucyLiu@foxmail.com

第三种邮箱格式：中文拼音+数字，如LiuXiuli217@foxmail.com

虽然不能做到让对方看到邮箱就能马上知道你是谁，至少能够让对方对你有个大致的印象。

在选择好了投递邮箱之后，绝不可以附加你的简历马上点击发送，在此之前你要注意你的发送方式是否合乎企业的要求。

4.2 投递对的简历

我曾经听到过不少大学生关于投简历的抱怨，比如小F："我每天晚上投简历就好像在骑驴找马，投递了很多家企业，但接到的面试电话却寥寥无几。""我最不理解的是，感觉很多岗位是我完全可以胜任的，我却没有收到一通面试电话。""我精心设计和整理的简历，堪称完美，可HR仿佛看不见。"

这样的抱怨，相信正在读本书的你多多少少也有一些吧。

其实，很多时候不是因为你的简历不符合企业招聘的要求，也不是企业不再进行招聘，而是你没有正确地投递简历，导致HR根本就没有看见。

那么，投递简历时，具体应该注意哪些方面呢？如下图所示。

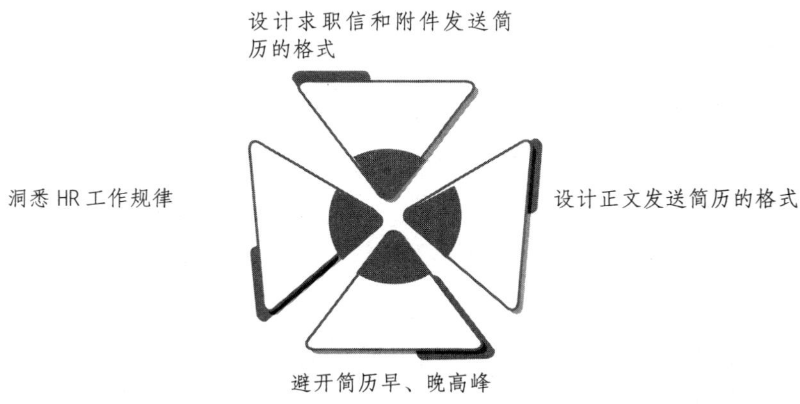

4.2.1 设计求职信和附件发送简历的格式

或许你认为把简历放到了附件，就可以直接点击发送了，但事实并非你所想，还需要设计和整理你的求职信。

1. 求职信的设计和编写

你要设置求职信的抬头和问候，其目的是让HR感受到你对HR的尊重以及投递简历的重视，不要起反作用，像“亲爱的HR姐姐”“HR大人”等不合适的词语千万不要使用，可以选择“Hi”“尊敬的××企业的HR”这些礼貌化的抬头和问候。同时，切忌复制粘贴，一旦弄混了企业的名称，可就真的没有机会了。

求职信的正文内容，一定不能在邮件正文中留空或者只是注明“附件是我的简历”，一定要在求职信的具体内容中说明应聘的职位名称、为什么适合这个职位及自己的技能素质等重点。这样做的目的就是让HR在没有下载附件简历前发现你最大的优势。

结束语一般很好处理，写上“我真心希望加入××企业这个大家庭，我相信我会有更多的学习和展现能力的机会。我随时可以接受贵企业的面试，请通过××方式联系我。最后，祝您工作顺利。”并在邮件的结尾处，附上你的姓名、联系方式、个人邮箱。

2. 附件的发送格式

附件究竟选择什么样的格式，我在第3章中做了详细的介绍，你可按照其内容进行设定。

最后要注意你所添加附件的大小和名称问题。对于附件的大小，我建议你发送简历即可，无须发送成绩单、证书等其他附件，除非招聘信息中明确注明要提供这些材料。这样做能够让附件文件不过于庞大。对于附件的名称，则需要提前设定好，这样方便企业HR直接下载保存。

4.2.2 设计正文发送简历的格式

选择正文发送简历，你就要把你设计好的简历复制粘贴到你的邮件正文中，还要注意邮件编码是否发生了错乱，也要注意正文中是否添加了照片，小X曾说当时为了复制粘贴照片，足足花费了一个小时，但我认为，花费一个小时也是值得的。

同时，我建议在编辑正文发送简历时，切勿用“我的简历”“简历”等标题，如果每个求职者都以这样的形式命名，那么，HR怎么区分这么多的简历呢？所以，正文简历标题的名称最好为“求职岗位+姓名”，也可以使用“求职岗位+姓名+联系方式+毕业院校”这样的命名方式。

4.2.3 洞悉HR工作规律

关于HR工作规律，我比较有发言权，一般来说，企业人力资源部属于支持性质的部门，杂事非常多，所以HR会尽可能地压缩看简历的时间。

那么，你该如何在合适的时间将你的简历送到HR面前呢，下面是简历最佳投递时间的分析。

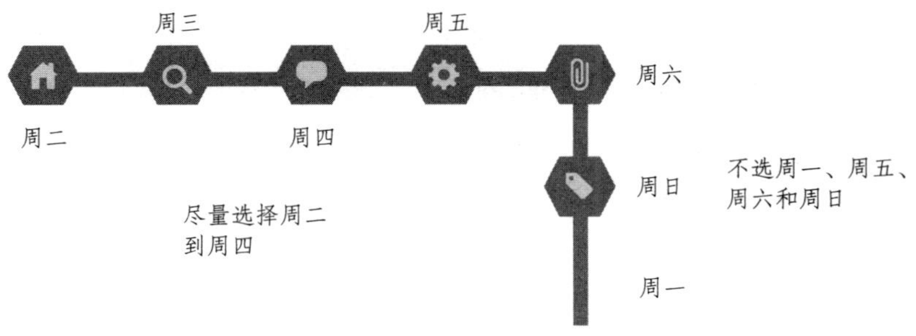

不选周一、周五、周六和周日，因为周一的时候HR往往要总结上周的工作，或者是计划本周的安排，除了这些也许还要进行每周的例行会议。所以，在这么繁忙的一天，最好不要投递简历。

周五也是如此，结束一周的工作，HR即便收到简历，也会堆积到下周查看。而周六到周日，是属于休息时间，非工作日投出的简历很可能与周末的垃圾邮件混杂在一起，若是遇上不顺心的事情，几乎就不会查看你的简历了。

可以选择周二到周四投递简历，因为这三天是简历到达的合适时间，其中周三投递最佳。

那么周二到周四这三天，你该几点进行投递呢？我询问过国内外很多企业的HR，一致给出的时间是上午9:30 ~ 11:00为佳，下午13:30 ~ 15:30为佳。

若是时间过早，很可能HR没进入工作状态，时间过晚，HR可能会遇上繁忙的事情，没了看简历的心情。

4.2.4 避开简历早、晚高峰

不仅仅是交通有早、晚高峰，投递简历也有高峰时段：第一个高峰是指通常职位刚发布时会迎来一个高峰投递时间，另一个高峰是指在招聘网站上，利用职位搜索器搜索出来的前几页招聘岗位集中投递的时期。

对于第一个高峰，尤其是在职位发布的前两天，企业HR的邮箱收到的简历通常最多，网申也是如此。

若是想要提高简历被关注的可能性，不如避开这个高峰。也就是不要过早或者过晚提交，过早提交可能让你的简历被淹没在简历堆中，过晚提交可能会出现当人家开始面试的时候，你的网申还没有被查看的现象。

同时，一定要注意提交的时间和网申细节，有些企业提交之后不允许修改，甚至一个手机号或者邮箱号只能注册一次，所以，点击提交之前多多检查，避免疏漏。

另一个高峰，是由于上网浏览的习惯和个人的耐心程度导致的。

很多求职者会选择搜索结果中前几页的职位，结果就是前几页的招聘企业收到的简历数量远高于后面的企业。这时，你可以多用一些筛选条件来排列职位，多关注一些别人不太关注的职位，不要放过一丝一毫可以让 HR 看到自己简历的潜在机会。

若你参加了校园招聘，需要直接在各个企业 HR 面前填写你的简历，那么你一定要提前准备好一份简历作为模板和备用，照着填写即可。

4.3　网申——大学生求职的重要途径

网申筛选流程往往采用自动筛选与人工筛选相结合的方式。

自动筛选部分通常有成绩、学历等硬性指标；人工筛选部分是由工作人员主要针对开放型问题答案进行的筛选。经历过自动筛选和人工筛选之后，企业 HR 会根据简历和开放性问题的答案综合评价，确定参加后续流程的人选。

应届毕业生参加网申要注意以下三点。

第一点：时间问题。网申一般需要 1 ～ 2 个小时。

第二点：常规问题。一般需要准备 Word 文档，问题会有：为什么选择我们企业；老师、同学是如何评价你的优点和缺点的；描述一个提前完成的工作内容等。

第三点：申报志愿注意生源地原则、专业原则、学历原则。

4.3.1　参加宣讲阶段

到了宣讲阶段，需要提前到场，并找到合适的位置，为相关问题做准备。比如：根据前期对企业校招的了解，提出自己关注的问题（发展规划、晋升渠道、培训机制、产品方面），但若想要获得提前进入面试的机会，就要对技术性问题多做准备。

在等待作答的时候，要做好心理准备。若是心仪企业，就进行备考；若是明确不适合，就果断寻找下一个。

4.3.2 准备笔试（含测评）阶段

准备笔试的时候，应该熟知考试的方式以及测评的形式。

熟知考试方式，即笔试形式：线下笔试和线上笔试；笔试时长：20 ~ 60min；题量：60 ~ 120 题不等；往年考试内容：综合能力、专业知识。

熟知测评形式，即常见类型：性格测评、职业倾向性测评；测试时长：20 ~ 60min；题量：105 ~ 238 题不等。

对于测评的形式来说，企业 HR 所用的测评，是以现代心理学和行为科学为基础，通过心理测验、面试、情景模拟等科学方法，对应聘者能力、动机、价值观、性格特征等内容进行客观的测量和科学的评价，主要是测评应聘者的学习能力和实践能力。

我比较喜欢专业化、标准化的测评方法，除了小 F 之前做过的 MBTI 职业性格测试和霍兰德职业兴趣测试之外，还有以下几种测验。

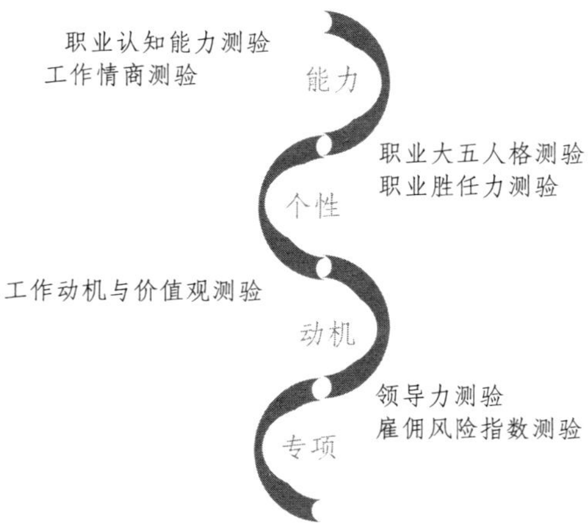

这些测评工具在招聘甄选过程中的主要作用是提供筛选优秀候选人的依据；了解应聘者的性格特点，行为风格等；识别候选人是否与岗位要求的内在驱动力相一致、识别候选人是否与岗位所期望的工作价值观相一致；考察候选人专业领域的相关素质。

一般来说，笔试的通过率最低为50%。

4.3.3 网申不可怕，网申细节才可怕

网申，即网络在线申请，特指通过企业官方网站的招聘页面，或者第三方的招聘网站开设的专门的页面投递简历的求职方式。

根据智联招聘全站在线数据显示，2015年夏季，全国人才供需竞争指数（供需竞争指数即收到的简历投递量除以发布的职位数量）为29.3，也就是平均每个职位有近30个人投递简历，若是热门岗位，简历的数量更是成千上万。

据调查，网申的淘汰率相当高，真正能进入面试的求职者属少数。那么，如何才能成为少数中的少数呢？需要你做到以下几点充足的准备。

1. 了解选择的企业

在网申前期，应该对所应聘的企业概况以及企业文化做一个大致的了解，这样心中就有了作答方向。

2. 用Word准备草稿

答题时，为了保证文件能够不被破坏、及时保存，最好提前在Word中准备好草稿，这样不但能够预防突发事件，也可以节约时间。

3. 吃颗网申“定心丸”

在一次新东方的培训课上，老师问了大家一个问题：“你的对手有几个？”问题是这样的：有7 000人参加这门考试，培训中途放弃者

有 3 000 人，弃考者有 2 000 人，考试过程中问题百出的有 1 000 人，考的不如你的有 999 人，其实，你的对手只有你自己。

4. 门当户对最重要

有的企业会设置学校、学历、专业、成绩的门槛，比如，IT 企业偏爱北京邮电大学，司法机构偏爱中国政法大学，部分超牛的咨询投行只要“北清复交”四大名校的学生，部分企业只看“985”“211”。

科研机构、高校或者教学机构偏爱学历高的求职者，专业性强的岗位偏爱硕士，但也有很多企业更喜欢可塑造的本科生。

你的专业是否对口，自动筛选不出来，而人工筛选会筛选出 80%，所以，最好是选择专业对口的网申，若是双学位的便可都填上。

不可否认，很多企业也有 GPA 排名的要求，基本上是要求 GPA>3.3。所以，你若是有优异的成绩，就挑最好的填上去吧。

除此之外，大部分企业注重外语水平。

四级水平的候选人和专八水平的候选人，在英语写作上还是可以看出来明显不同的。所以在网申的过程中，尤其是填写一些开放式问题时，一定要注意自己的表达方式，尽量多的使用 career path opportunities（职业道路的机会）、appreciate（欣赏）之类的商务英语词汇，尽量避免 very important（非常重要的）、finish（完成）、I want（我想要）这类的日常英语。

除了四六级，还有 Native（母语）、Fluent（流利）和 Basic（基本）或者 Fluent（流利级）、Business Capability（商务级）和 Social Capability（基本社交级）等选择，我建议选 Fluent，毕竟选 Fluent 的通过率更高。

是否有实习经历也是大多数外企、民企较看重的，填写规律就是：有大企业的经历是首选，实习经历多多益善。

5. 开放性问题多留心

开放性问题是求职者自我表现主动性和创造性的机会，也是 HR

用来获取有价值信息的途径。因为开放性问题不提供具体答案，不规定回答范围，所以它的活性很大，更需要你精心作答。

总体来讲，开放性问题主要有三类。

第一类：你是什么样的人？或者老师、同学是如何评价你的优点和缺点的？

第二类：你和企业职位匹配吗？或者为什么选择我们企业？说明原因。

第三类：你能否妥善处理工作中遇见的各类问题？或者描述一个提前完成的工作内容。

比如，HR问："为什么选择我们企业？说明原因。"这就属于"你和企业职位匹配吗"这个问题；"老师、同学是如何评价你的优点和缺点的？"就属于"你是什么样的人"这个问题；描述一个提前完成的工作内容，属于"你能否妥善处理工作中遇见的各类问题"。

要回答这三类问题，一定要回答出对方想要知道的答案，内容应与简历相符，突出自己的逻辑性和特长优势，针对不同的企业做出不同的回答。

除了开放性问题之外，还有一些令你纠结的问题，比如，"你能否接受长期出差？""你能否接受到其他城市工作？"等，对于这类问题，我的建议是无论你是否愿意长期出差、是否愿意到其他城市工作，都应该说"愿意"。

6. 注重格式及细节

网申的表格，往往复杂冗长，这也是一个挑战应聘者耐力和功力的时刻。在填写过程中，一定要注意按照规定的格式填写，切勿随心所欲。表格要求你日期填成dd-mm-yy或者dd/mm/yyyy，就千万不要创新。

有的地方单位要求你写简称，比如BECON或者MA，你就不要写全称。写教育工作背景和获奖情况的时候，养成从近及远的好习惯；回答开放式问题的时候，要尽量写一些能引起面试官兴趣的话题，为以后的面试做好准备。

因为以后的面试，主要都是围绕网申所填的问题发问的。当然，避免拼写错误、标点符号后面要空开一点，这些都是需要注意的细节。

7. 填写成绩单的注意事项

填写成绩的时候要注意，如果是国外的成绩单，如果Distinction写成D，Credit写成C，就有点误导了，不如拼写全。填国内的成绩单，一定要注意课程名称和官方的翻译是否一致。填写课外活动和职业背景的时候，一定要确保对自己填的东西很熟悉，因为这些都是将来面试很可能会提问的地方。

8. 一定要留下当地的联系方式

不管你是在海外，还是在与应聘地点不同的城市，都要让HR感觉到你就在当地，并随时可以参加笔试。据一个在某投行从事HR的同学说，有一些HR在看到海外或外地联系方式的时候，高兴的话可能给你发封邮件，心情不好的时候可能就直接删除掉了。所以从申请开始，最好人就能一直待在本地；或留下当地亲朋好友的电话，一旦收到笔试通知，再想办法赶过去。

同时，还要确保联系方式的通畅，尤其是手机和邮箱。

手机要确保24小时开机，并注意随身带笔，求职期间尽量避免长时间乘坐地铁、电梯，或待在地下信号不好的地方，尤其是在网申阶段，漏接一个电话可能就导致整个求职失败。接听陌生号码时一定要礼貌问好，交谈中做到不卑不亢。

这是因为网申本来就是一个大环境的竞争，若这份职业是你的期望，那么就应该先答应下来，这样能够帮助你顺利通过网申。

4.4 内推——求职者的绿色职业通道

很多人在大学期间可以获得内推的机会，比如参加的社团有学长或学姐在该企业实习或者工作，那么你同样能够获得实习和工作的机会。

4.4.1 站在求职者角度的内推形式

如果你足够幸运和努力，获得了内推的机会，那么也不要掉以轻心，因为获得内推和真正拿到 Offer 没有必然联系。

一般来说，内推有如下几种形式。

1. 内推第一种形式

这种形式可以避开网申机会——直接把简历发送给企业 HR——获得优先查看简历的机会。

2. 内推第二种形式

如果你获得的是第二种内推形式，那么，比第一种内推要具备一些优势。避开了网申或者投简历过程，从而获得了面试机会，但不能保证你能通过面试，就更别提拿到 Offer 了；如果有两轮面试，那么你就离拿到 Offer 的距离更远了。

3. 内推第三种形式

如果你获得的是第三种内推形式，那么恭喜你，你比获得第一种内推形式和第二种内推形式都具备更多的优势，因为你直接获得了签 Offer 的机会。

从以上三种内推可以看出，并不是所有的内推都能够保证你顺利进入某企业工作，所以，绝对不可掉以轻心。

如果你得到了以上三种内推形式的任何一种，你该做哪些方面的准备呢?

获得第一种内推形式后的准备工作：准备一份完美的简历；电话保持畅通等待企业 HR 的联系；着手准备申请其他企业的岗位。

获得第二种内推形式后的准备工作：进行面试准备（包括面试问题和着装等）；着手准备申请其他企业的岗位。

获得第三种内推形式后的准备工作：为签 Offer 进行准备；多了解企业文化和行业状况；为入职做准备。

4.4.2 站在企业角度的内推形式

对于招聘人才的企业而言，内推有两种形式，一种形式是 HR 发起的内推，另一种形式是部门发起的内推。

1. HR 发起的内推

第一种通常是人力资源部门请求各个业务部门帮助内推。若是被推荐的人能够录用，推荐人会有相应的奖励。只是这种情况的内推依然要按照面试、笔试的流程进行。

对于企业而言，这种内推的好处就是，能够保证被推荐人的稳定入职，企业不必花费过多的招聘费用。

2. 部门发起的内推

部门发起的内推通常是部门缺人，需要在最快时间招聘到员工，这时，企业部门的负责人手里拥有几个招聘名额，有权力让一定数目的求职者通过推荐。

这种形式的内推要比 HR 发起内推的方式节省很多招聘流程，往往一天能够结束所有的面试环节，因为很多获得内推的求职者已经进行了足够充足的准备，而且既然能够以这种形式推荐到企业，也说明有了十足的机会能够留在企业。

很多企业会出现每年下达招聘指标的情况，在你还没来得及投递简历的时候，招聘指标就已经满了，遇到这种情况，你千万不要觉得不公平，而要转变思维，立刻去寻找你的人际关系资源。

4.5 线下投递简历——HR与你的第一次亲密接触

除了线上正常投递简历以及内推的方式之外，还有一种投递简历的方式，就是线下投递。线下投递简历包括校园招聘会、社会的大型招聘会以及线下宣讲会。

4.5.1 线下投递简历的好处及注意事项

线下投递简历对企业来说，究竟有哪些好处呢？通常来说主要有以下三点好处。

（1）第一时间给简历分类，被选待定的放在一处，直接删除的放在一边。

（2）节省HR从邮箱下载和打印简历的时间。

（3）与应聘者面对面交流。

因为有这些好处，所以很多信息都会从这里释放，有些面试官甚至会亲自来到现场。你可以从这里得到企业以及企业招聘岗位最新鲜、最真实的消息，更能与HR、面试官面对面交流。

对于求职者的你来说，线下投递简历要注意以下两点。

（1）不要紧张，不妨趁这个机会多向HR提一些问题。一般来说，企业的HR既然来到了现场，也就意味着有更多的时间浏览你的简历，回答你的问题。

（2）可以把简历递到 HR 的面前，请求他的帮助和建议。若是 HR 看了你的简历后给了你申报岗位的意见，你可以仔细考虑；若是 HR 看出了你简历中的问题，你可以根据 HR 提出的中肯意见进行修改。

4.5.2 令我印象深刻的求职者

我在为某企业进行线下招聘时，曾有一名求职者引起了我的注意。

企业在进行介绍时，穿宝蓝色男士衬衫的这位求职者坐在了第二排靠左侧的位置，仿佛在认真听讲。企业宣讲结束后，开始让求职者投递简历。这位求职者仿佛并不着急，当其他求职者都急匆匆地投递后，这位求职者才把手中的简历双手递给我，同时深深地鞠了一躬，问了一些问题，并在走之前说了一声谢谢。

这让我感受到一份来自陌生人的尊敬，而其他投递简历的求职者有的同样是双手递过简历没有鞠躬；有的求职者鞠躬了，却是单手递给我。有的求职者在投递简历时就像是一阵风，我还没接住，他便“嗖”的一下闪过去了。

于是，我也带着这份尊敬，将这位求职者的简历放在了被选待定的一处。

投递完简历，有一半的求职者已经离开了，而这位求职者依然坐在之前的位置上。这时，我开始和其他工作人员查看这些简历，这期间，已经有 HR 和求职者进行面谈，而这位求职者来到了我的面前。在他开始自我介绍的时候，我拿出他的简历，快速浏览一番，通过出色的实习经历，和对几个刁钻问题的回答之后，我立刻告诉他等第二次面试。

随后他再次鞠躬致谢。

这位求职者是聪明的，若是选择线下投递，你可以向这位求职者学习。

★★★邮件投递、内推、线下投递，你属于哪一种？

除了网申之外，想必你已经了解了邮件投递、内推、线下投递的投递方式，这三种方式你是哪一种呢？

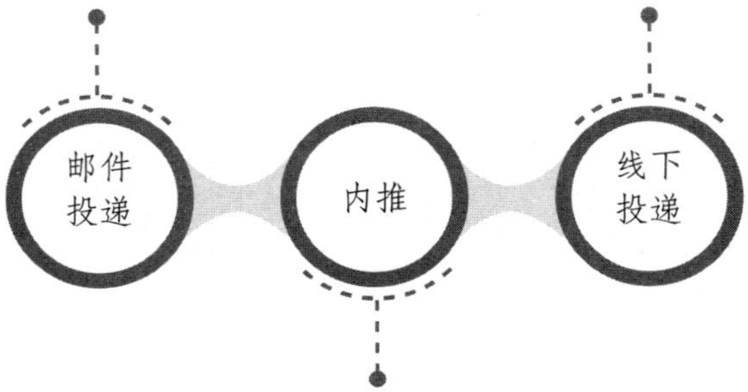

从这三种不同的投递方式中，你学会了什么？可以写在下图中。

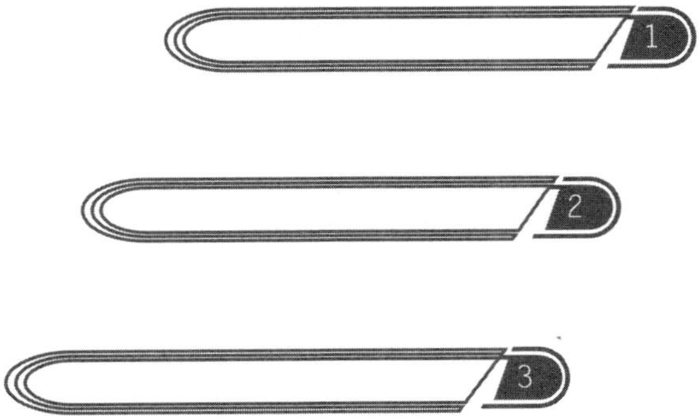

学习了投递简历的时间和方式之后，依然需要你亲身实践。在投递简历的过程中，希望你能够轻松地应对挑战，把握机会，顺利进入面试环节。

第5章

打造完美的面试形象

若是你的简历已经顺利通过，我真心祝贺你，好的开始是成功的一半，接下来你将开启你成功的另一半——面试。

有人说，面试成功与否，20%在于求职者的个人形象，包括衣着打扮和面试前的印象。杨澜曾经说过："谁也没义务通过你邋遢的外表，去发现你优秀的内在。"现在90后的语言是颜值即正义。我跟很多高管沟通过，虽然很多面试专家一再跟他们强调你需要运用各种面试手段去发现求职者冰山下的内在动机，但很多高管告诉我，在他们见到求职者的前五分钟已经决定是否录用他们，后面的面试只是在检验这个判断而已。

到这里你会发现，形象分占比远比你想象的重要。面试形象的标准应该是大方得体、不要失真；在鞋子和配饰上多注重细节，不要刻意装扮；女士要梳起过长的头发，男生注意面部的修饰。

在做到这些的同时，还要学会现场减压的好方法，才能助你面试成功。

5.1 见HR——根据应聘职业选着装

大家知道，第一印象非常重要，因为它一旦形成便很难改变。普通的初次相识，会在见面的几分钟内便形成对对方的印象。第一印象主要根据对方的表情、姿态和服装等方面产生，每个人的长相不同，通过着装、妆容是可以弥补本身不足的。

面试着装并不是你想象的那么复杂，可以根据应聘职业以及应聘单位的风格来选择着装。

比如，航空企业或者银行，他们的工作人员都会穿正装，若是你也穿正装，面试你的HR会有一种认同感与天然的亲切感，会觉得你的形象和企业目前的状态比较贴合。你若去运动品牌的企业面试，同时穿着这个品牌的服装去面试，HR会对你有好感，会认为你能够融入他们的企业文化。

所以，面试着装与企业从事的行业和工作有着非常大的关系，要根据应聘的职位和所处行业的特点来定。

5.1.1 职业套装不是首选

对于着装的选择，小 F 特别有发言权。很多大学周边都有制作正装或者职业装的店铺，并且提供“一条龙”服务，于是还没毕业的小 F 看见学长、学姐订制，以及从身边上班的上班族的穿着中得知上班要穿职业装的信息，小 F 就去订制了一套。

等到毕业时，小 F 暗自庆幸提前订制了一套职业装，外带正装照片，因为他的宿舍同学已经是每人一套职业装的标配了。

现在很多大学生会有和小 F 相同的想法和做法，尤其是近年来随着修图软件的出现以及修图技术越来越高，使得现在很多简历的正装照好像是同一个人的面孔，并不是说证件照的规格不对，而是有些学生刻意让专业人士修饰自己的照片，以显示成熟和专业。

还有些大学生认为只要穿了职业装，拍了标准的证件照就一定能够面试成功。

我认为还未毕业的大学生，在没有正式的参加实习或者工作之前，不要像小 F 一样，急于订制一套别人都有的职业装。因为，面试的着装选择中最基本也是最重要的一点，就是根据你所应聘的企业职位或者是你的实习职位来选择着装，让自己的形象更加得体。

5.1.2 金融行业和互联网行业的着装选择

就金融行业来说，一般需要与数字、金钱打交道，所以服装搭配应该呈现出比较专业与严谨的特征。对于有志从事金融行业的你在面试时尤其需要注意服装搭配。

1. 小 X 第一次面试的着装搭配

（1）一身合体的深色休闲类西装。西装是大部分金融行业以及互联网 IT 行业面试者的首选，但小 X 面试的是互联网交互职位，这类职位的特点是较为活泼，所以，他没有选择特别正式的西装。

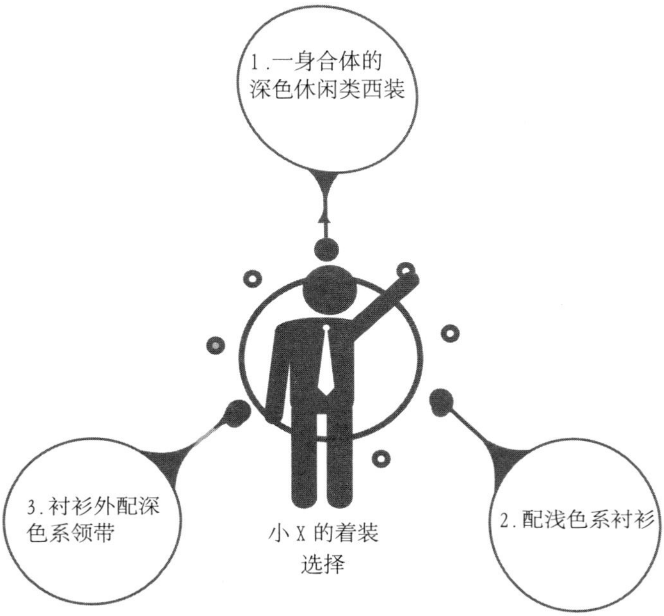

除此之外，应聘银行、证券期货、基金信托、投资担保、租赁、保险、财务、市场营销、客户推广等行业职位的你不要怕麻烦，尽量选择一身合体的西装。如果是男生，要打上领带（这部分内容在本章第三节中详细介绍），这样整个人看起来会精神、自信。

（2）小X选择了搭配浅色系衬衫，看起来既得体又端正。但你若应聘的是金融行业和互联网行业中的行政、人事管理类岗位，在着装上就不要过于出挑，浅色系衬衫搭配黑色西裤非常适合服务性岗位。

像圆领T恤和帆布鞋，一定不要出现在面试场合。即使没有选择衬衫，也要选择带领的上衣，裤装不要过于休闲。

（3）一条深色系的领带可谓画龙点睛，我在本章第三节中将重点讲解。

2. 小 Y 第二次面试的着装搭配

小 Y 在第二次面试时，选择了如下着装搭配。

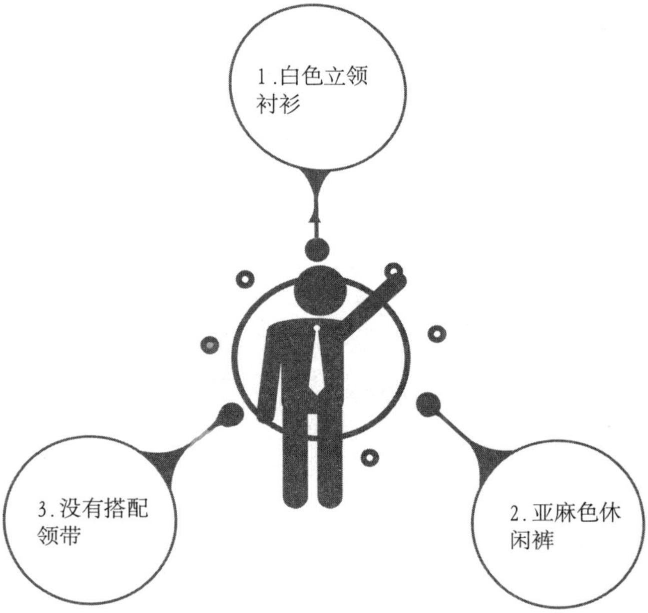

可以说互联网行业的性质相对于金融行业要活泼得多，而面试着装也比金融行业面试着装要休闲一些。

小 Y 的白色立领衬衫和亚麻色休闲裤的搭配就正合适。

5.1.3 男士面试着装百搭

5.1.2 节中我针对金融行业和互联网行业的面试着装进行了举例和分析。机械工程专业的小 F 问：“那么其他职业的面试如何搭配呢？有没有一个百搭的面试着装？”这里，我介绍一下面试着装的百搭方式。

男士着装前后顺序如下图所示。

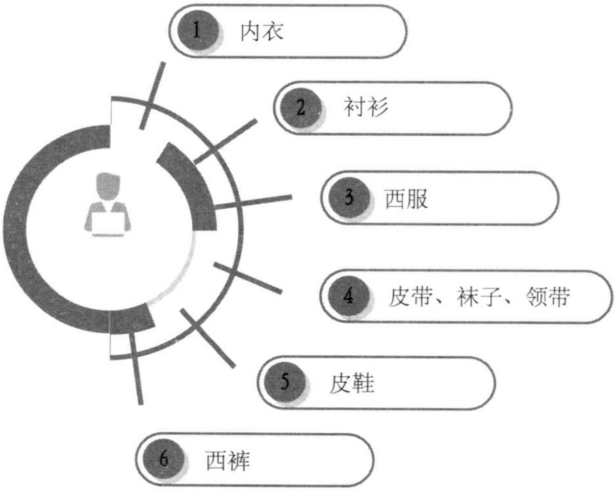

第四点中皮带、袜子、领带，第五点中的皮鞋我放在后两节介绍，这里介绍其他几点的搭配方法和原则。

1. 内衣

内衣穿在衬衫里面，尽量选择浅色系内衣。

2. 衬衫

（1）从颜色角度来说，白色为衬衫里的经典色，应该多买一些白色衬衫，也可以买一些如象牙色、灰色、浅蓝色等柔和色调的衬衫，浅色衬衫比深色衬衫更容易搭配。

（2）从长袖短袖角度来说，长袖比短袖更正规，细条纹比粗条纹典雅，千万不要在西装里穿短袖衬衫。衬衫要熨好，如果是皱的，最好别穿了，会给西服丢分。

（3）从个人特点来说，脖子短的人应该选择低领衬衫，长脖子应该选择领子相对高一点的衬衫。

3. 西服

（1）从品味的角度来说，细条纹面料比粗条纹大格子有品味；长西装短夹克；当购买套装时一定要注意实用性和性价比。

（2）从颜色的角度来说，西服套装的颜色为整体形象的主色调，所以衬衫、领带、鞋子、袜子、皮带必须和西服套装的颜色相配，一般整体不要超过三种颜色。总的来说就是深色西装浅色衬衫。

（3）从搭配的角度来说，穿着条形或格子面料的西装，那么衬衫、领带必须是无条形或格子的；穿着条形或格子面料的衬衫，那么西装、领带必须是无条形或格子的。

（4）从肤色的角度来说，皮肤黑的人不要穿黄色，皮肤白的人就没什么担忧的了。

4. 西裤

西裤，若是不搭配西服外套，可以选择和衬衫的颜色相配，若是搭配西服外套，就应该和西服外套是一套。

5.1.4 女士面试着装百搭

女士的着装搭配种类要多于男士，也没有像男士着装搭配的固定顺序，这里介绍以下几点。

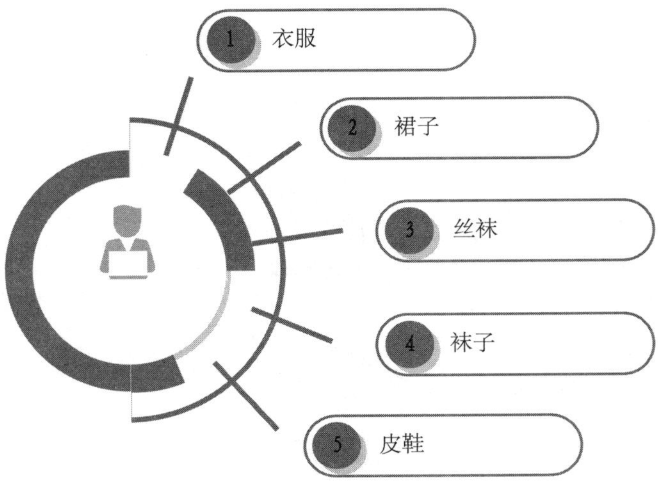

袜子的选择和皮鞋的选择，我同样在后面章节中介绍，这里先介绍前三点。

1. 衣服

对于女生来说，正装分为西装和套裙，可以根据季节和穿衣习惯来选择。

（1）从款式上来说，尽量选择线条简单的。

（2）从颜色上来说，尽可能选择淡雅的，与自己的年龄相符合。

尽量体现出自己大方得体、清爽整洁的气质。

2. 裙子

若你选择套裙，就要注意，深色套裙搭配浅色外套，浅色套裙搭配深色外套。若你选择短裙，裙子的长度应在膝盖左右或以下，太短有失庄重。

3. 丝袜

丝袜仿佛是夏天一部分女士的标配，在面试中要格外注意丝袜是否有漏洞，丝袜的颜色和裙装是否搭配。

介绍了男士和女士面试百搭着装以后，下图中的几点着装搭配的禁忌也应注意。

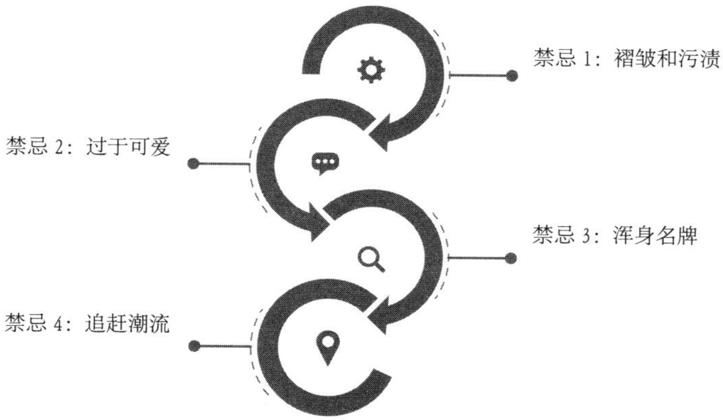

1. 褶皱和污渍

褶皱和污渍有多糟糕呢？试想一下，你的衬衫在洗衣机里滚了近一个小时后，你又忘记熨一下，浑身褶皱地参加同学聚会，是个什么样的场景。或者是，你穿着满是污渍的套裙出现在第一次见面的男士面前，又会是个什么样的场景。

平时你都不会允许这样的情况出现，面试也是一样，切忌不要让你的面试着装有褶皱和污渍。肮脏、破旧、皱得像酸菜干的服装，也许很“酷”，但绝对不适合穿去面试。如此装扮会让人觉得你个性吊儿郎当，没有诚意。此外，时下流行仿脏污、故意抓皱褶的前卫风服装，也不适合穿着去面试。

2. 过于可爱

即使你心里住着一位小公主，也请你在面试这种场合中收敛一点。粉色系、蓝色系的娃娃套装，过于蓬松的公主裙，一定不要出现在 HR 面前，这样不是吸引人的注意，而是会影响到别人，产生负面的效果。

3. 浑身名牌

浑身名牌的面试者经常出现在不同的面试场合中。不可否认，参加正式的面试，衣着装扮的确要花钱，但不意味着就得要浑身名牌。品牌的选择是个人的事情，衣服、鞋子上最好不要有显眼的标志，会让人眼花缭乱，也容易给人浮夸的印象，有时甚至会给面试官留下不好管理、薪资要求高的印象。

4. 追赶潮流

追赶潮流是一些时尚的面试者会出现的问题。面试中若是穿着一身追赶潮流的服饰，是能为你添加亮点，但是会降低 HR 对你的打分。

5.2 男士着装细节：领带、皮带、袜子和鞋子的选择

对于男士来说，领带、皮带、袜子和鞋子的选择与正装的选择同样重要。

5.2.1 领带

英国 19 世纪著名的剧作家王尔德曾说："学会系好领带是男人生活中最严肃的一步。"

如何在面试中打好领带，给 HR 一个好印象呢？面试时的领带颜色以深色为佳，例如深红、灰色和蓝色等，不要选择三种颜色以上的领带。

也可以选择图案含蓄、简单的领带，如立体形、条纹、印花绸以及不太显眼的涡旋纹等，或者直接选择单色的领带，不要选择带有圆点花纹、图画、体育形象以及设计者的徽标的领带。

领带的选择，目的是为衣服增色，在面料、颜色和风格上要与西装、衬衫和谐统一。

若是颜色单纯的衬衫，你可以选择一条色彩多变的领带来搭配；格子衬衫，你可以选择点状领带来搭配；条纹衬衫，你可以选择素面、斜纹等样式的领带来搭配。

小 F 认为，上述搭配方式麻烦。若是你和小 F 一样，觉得详细的搭配很麻烦，可以参考下表的搭配原则。

搭配原则

搭配原则一	同色系搭配时，领带色彩应比西装色彩略深，显示成熟、稳健
搭配原则二	对比色搭配时，领带颜色与西装颜色对比较明显，可使整套服装既显高贵又充满活力
搭配原则三	百搭选择，把西装面料中的色彩作为一种元素集中到领带上表现

但并非所有的面试着装都需要搭配领带，若选择的是休闲类的衬衫就不用搭配领带。

另外，领带的打法也要根据衬衣领口形状的不同而有所区分，领口越宽，领带结也应该越宽。同时，最好不要使用领带夹。

5.2.2　皮带

男士皮带的选择也是有讲究的，一般有下图中的几个搭配方式。

小 F 就十分不喜欢扎皮带，不喜欢归不喜欢，若是需要皮带的话，还是要注意皮带的搭配。

5.2.3　袜子

袜子的选择，我认为是最为简单的，一般来说，深色袜子可以和任何颜色的衣服相配，若是选择浅色的着装，那么袜子颜色也可以浅一些，一定要略深于衣服颜色。

可以选择棉质的袜子，不要太短，包住小腿部位以下，脚踝以上，不露出腿毛即可。

5.2.4 鞋子

鞋子的搭配和领带的搭配方式一样，与西装、衬衫相吻合。西装只能搭配黑色或者深色的皮鞋。牛皮鞋与西装最般配，羊皮鞋、猪皮鞋则不太适合。休闲装可以选择磨砂皮鞋、翻毛皮鞋，也可以选择休闲类的鞋子。

若是在冬季面试，男士也可以选择冬季皮鞋，西服外搭配外衣，或者毛衣搭配羽绒服和休闲裤。

5.3 女士着装细节：面试皮带、袜子和鞋子的选择

女士面试时不用考虑领带，只考虑皮带、袜子和鞋子即可。我重点介绍女士面试鞋子的搭配。

5.3.1 皮带

女士在选择皮带的时候，要注意以下三点。

（1）皮带颜色不要过于鲜艳。

（2）皮带不要太宽，可以选择较窄的皮带。

（3）装饰类的皮带以素为主。

我见过很多面试的女士身穿一件非常得体的裙装，但选择了一个非常夸张的装饰皮带，把原本正式的着装变得不伦不类。

所以，女士面试时可以选择不需要其他配饰的裙装。若是选择西裤则最好搭配颜色一致的皮带。

5.3.2 袜子

女士选择袜子可以借鉴前面介绍的男士袜子的选择，有一点要补充的是，不要选择太过卡通的袜子，也不要选择长筒袜。

5.3.3 鞋子

面试时鞋子的搭配，是女士着装搭配的重点。很多女士在面试时会选择提升自己气质的高跟鞋，于是，无论职业装还是休息装都会选择五六厘米的高跟鞋，但这并不是十分得体的搭配。

从搭配的角度来说，西装最好搭配 3 ~ 5 厘米的高跟鞋。不要选择休闲时穿的平底皮鞋。

3 ~ 5 厘米的高跟鞋走起来比较稳。若是穿了一双让自己驾驭不了的高跟鞋，反而会给自己的面试带来负面影响，本来面试官没有发现你的不得体，但因你不舒服的表现，导致面试官去注意你的不得体。因为鞋子不舒适让你很难集中精力回答问题。

若是鞋跟太低，可能衬托不出你的气质。

若是北方寒冷的冬季，就不必选择穿着高跟鞋走过滑滑的大街来到 HR 面前了。

这里，我列举两种搭配。

（1）短靴 + 衬衫 + 大衣 + 修身版长裤。衬衫可以选择棉质打底浅色立领衬衫，搭配经典高腰线设计的双排扣深色呢绒大衣，再搭配棉绒修身版黑色长裤和冬季黑色带跟短靴。

（2）雪地靴 + 黑色打底衫 + 毛绒外套 + 牛仔小脚裤。可以选择羊毛衫搭配浅色毛绒外套、牛仔小脚裤，再加一双深色雪地靴。

这两种搭配在冬季既简约得体又保暖。

以上就是面试时搭配的建议及示例，核心就是一定要根据你选择的岗位来决定搭配。

5.4　配饰风格一定要与服装匹配

配饰是每个人面试都要选择的，最为典型的就是“包”的选择。在挑选配饰的时候，一般要注意以下三点原则。

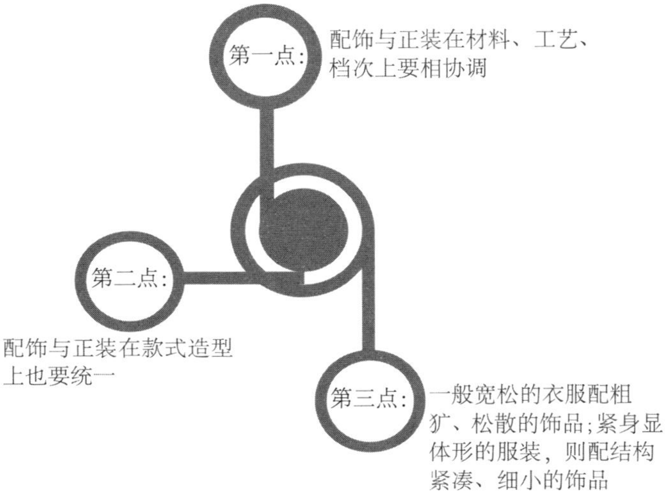

在明确这三点原则之后，我以配饰中经常出现的文件包/手提袋、手套/围巾、首饰、香水为例进行介绍。

5.4.1　文件包/手提袋

在选择文件包/手提袋的时候，面试者可以选择一个较为百搭的包，比如一个深色系的包。包的材质有皮革、尼龙以及其他种类，我建议选择尼龙材质的包，不但质地较轻，而且抗污能力也比较强。

同时，要注意包的大小，最起码能够装下你面试所需的全部物品。

或许你会说，那我选择一个我上学时期的书包，既可以装下全部东西，又轻便。

我认为书包虽然有足够大的空间、材质较轻，但不符合你成为社会人的身份和气质，也与职场不搭配。

所以，一定不要选择斜挎包、背包、帆布休闲包，也不要选择简易文件夹来代替文件包或者手提袋，这样会给 HR 不正式的印象。

5.4.2 手套和围巾

在寒冷的冬季去面试，不可缺少的就是御寒的手套。有时候手套不仅是御寒的，还是衣服的重要配件。但无论手套的作用是哪一种，在搭配上要一致。即手套颜色要与衣服的颜色相一致。身着深色大衣，适宜戴黑色手套；身着浅色大衣，适宜戴白色手套。

在面试前，一定要把手套摘掉，收进文件包或者手提袋中。

冬季围巾的搭配和手套搭配相同，也需要在面试的时候将围巾摘下来，收进文件包或者手提袋中。夏季就不要选择围巾作为搭配之物了。

5.4.3 首饰

首饰一般是女士搭配着装的首选，饰物的选择还是需要慎重一些，不能缺少，也不能太多，切记满手腕的镯子和满耳朵的耳钉，应以简单、大方、得体为主。

男士应该少佩戴或者不佩戴首饰，换成手表或者结婚戒指会更好。

搭配一些能够提升气质的饰品还是可以的，但要记住以下两点：第一，色彩鲜艳的服装可配低调含蓄的饰品，第二，色彩单调沉稳的服装宜选择鲜明而多变的饰品。

5.4.4 香水

香水也是大部分人的选择。以小F为例，他最喜欢古龙香水，较为清新。有一次去面试时，小F为了遮盖前一天晚上因吃火锅而产生的气味，就在外套上多喷了几下。

当小F进入面试房间的时候，对面的HR皱了皱眉说："你喷了一瓶的古龙香水吧。"尴尬的小F立刻感觉很不自在。

面试是一种公事公办的特定场合，在这种场合中，不能使用气味太过浓烈的香水。可以选择米兰型、黄角兰型、玫瑰香型的香水，忌用檀香、茉莉花香型、麝香或龙涎香型香水。

最好在面试的前两三个小时淡淡涂抹，涂抹的部位应在耳后、衣领处、手肘内侧、手腕、膝盖内侧及胸前，不要直接喷在衣服上。

香水的目的是无形中调节紧张的面试气氛，让HR的情绪缓和，这样你才能应对自如。

中国人并没有太多使用香水的习惯，面试时我们对于仪容仪表最基本的要求是干净整洁，但是我曾经遇到过一些求职者身体有"异味"，比如很多男生比较爱好运动但是不太积极清洗衣物。有的面试房间很大还好，要是相对小的面试房间，面试者又是面试服务类型的或者需要直接跟客户打交道的工作，很可能就会与工作失之交臂了。

5.5 女士，请束起你的长发

作为一名HR，我的头发是过耳朵的短齐发，颜色为栗色。在面试别人的时候，我会提前整理好头发，避免杂乱。

小X和小Y均为男性，曾经是求职者，在我的印象中他们求职的时候都是大四毕业时期，头发又黑又短，属于大家口中的"毛寸"。因为均为男士，面试时，我留意了他们的着装，也注意了他们的发型，还是十分得体大方的。

女士也一样，在经过一番精心准备之后，更要注重发型的打理。

很多女士在面试时，都喜欢梳披肩发。我认为长发过肩的女士为避免给人以拖沓之感，最好把头发扎成马尾或者盘起来，并注意不要扎的过低，否则会显得不够干练。

像我一样短发没有过肩的女士，为避免给人以拖沓之感，不要将头发束起来，反而容易出现碎发。

若你有刘海，那么刘海也是重点梳理的对象。刘海的长度以不盖过眉毛为宜；若刘海盖过眉毛，而你又打算将头发和刘海留长，那么可以使用合适的发卡把刘海夹起来，或者直接梳到脑后。

注意一定要保证能够露出眼睛和眉毛，才能显示出你的端正。

这些是从整体上来分析的，还有头饰、定型产品、颜色等方面需要注意。

5.5.1 头饰搭配

头饰应该与衣着、发型相搭配，因为面试是一个十分正式的场合，头饰样式、颜色会影响你全身的搭配整体感和形象感，合适的头饰会给面试加分。

那么，如何选择和搭配头饰呢？如下表所示。

选择头饰小技巧

技巧一	选择与衣着相搭配的颜色和款式
技巧二	以“素”为主，一般来说，简洁素雅的设计最为合适，忌讳五颜六色和数量过多又颜色不一的头饰
技巧三	零碎头发选择发卡，发卡的款式和颜色同样要与衣着相搭配

作为朝气蓬勃和追赶潮流的你，若是想要尝试可爱型的卡通发饰，

千万要慎重，尽量按照上表中的技巧来搭配。

5.5.2 适当使用定型产品

发廊里有各种各样的定型产品，若是你的头发过于蓬松或者是刚刚烫发，我建议你选择无味的定型产品，适当抹一点在手心搓开，分散涂抹在发型的几个重点位置，以达到长时间保持完美造型的效果。

如果你的头发已经很柔顺了，就不要用定型产品了，以免造成“油头粉面”的视觉效果。

5.5.3 选择合适的发型

并不是所有的面试者都会一头披肩发或扎马尾，也有很多面试者为了能够让HR对自己印象深刻一些，选择一些吸引人目光的潮流发型，或者选择一款自己从来没有尝试过的新发型。

但对于这个新形象你还不是很能适应，于是在面试时，总会很不自觉地用手摸头发，会让HR对你的感觉也变得越来越不舒服。这样会对面试产生很大的负面影响。

我建议刚刚毕业的大学生，在面试之前，千万不要选择自己驾驭不了的发型。发型最好和你简历上面的证件照相吻合，就算有些差距，也尽量不要太大。

5.5.4 发色与肤色相吻合

应针对自己的肤色来选择发色。

一般来说，深棕色可搭配任何肤色，但肤色白皙者最佳；浅棕色搭配白皙或麦芽肤色、古铜肤色均可；黑色，可以搭配任何肤色，适合参加各类型企业的面试。

为什么除了深棕色、浅棕色和黑色之外，没有介绍其他发色，这是根据面试的氛围来制定的。而且，企业 HR 也不会喜欢靓丽的发色。一句话，就是头发的颜色越自然，就越容易给面试加分。

女士在面试之前除了要束起一头长发之外，别忘了适当修饰妆容。当然，男士也不例外，也应做适当修饰。

5.6 气质，是“妆”出来的

身为男士的小 Y 急匆匆地打电话给我，问：“我的一个男性朋友要参加面试，他问我面试需要化妆吗？”

我说：“当然需要化妆了。”

小 Y 音量提高了一些又问：“男士面试也需要化妆吗？”

我依然镇定自若地说：“也要化妆的，可以做适当的面部修饰，将面部瑕疵遮盖住就可以。”

过后，小 Y 的音量马上就减轻了一些：“那我向他转达你的建议。”

小 Y 朋友的疑问，是现在很多求职者会考虑的问题，不仅仅是女士，也包括男士。

有很多人都信奉“素颜主义”，认为素颜才是最真实的自己。在平常生活和学习工作中不化妆，面试时也应该展现最真实的自己，害怕在面试中分散了 HR 的注意力，也害怕因为特意的化妆让 HR 认为你在这方面花费的精力太多，进而会怀疑正式录用了你之后，你是否会耽误工作时间。

5.6.1 化妆三大标准

那么，化妆的标准是什么呢？有以下几点。

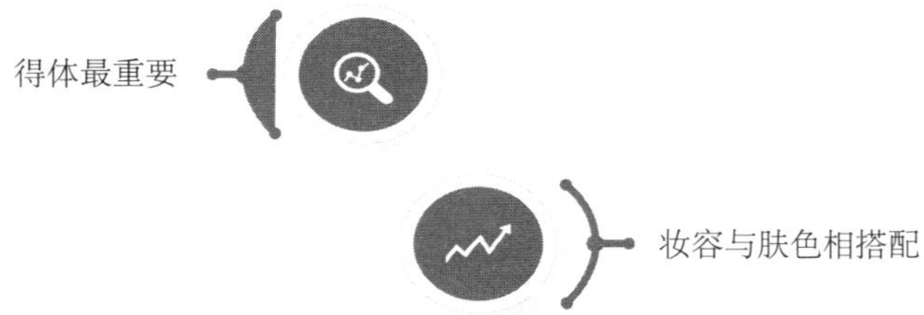

1. 得体最重要

化妆是面试的辅助手段，而不是主要手段。不要认为自己丑才需要化妆，因为你不需要用这层美丑的面具来遮盖真实的自己。你化妆对于HR来说，表示尊重，对于你来说，得体的妆容会在面试时有更好的发挥。另外，最好化淡妆，而非浓妆。

2. 妆容与肤色相搭配

你的妆容既要与你求职的岗位相吻合，又要与你的着装相搭配，更要与你的肤色相称，这样才会更具有整体感。

我还要补充一点，男士在化妆之前要注意自己的胡子是否刮干净，若是修饰面部的时候没有遮盖住胡茬，也是一种失态的表现。

5.6.2 “素颜主义”也应化妆

在求职面试时，化妆确实是必要的，无论你是否是“素颜主义”。以下是需要化妆的三个理由。

（1）在面试中尽量展示自己最好的一面，明确对待面试的态度。

（2）让自己显得很精神，为自己增加自信，也是在向对方展示自己具有职业素养的一种手段。

（3）显得自己尊重这次面试，也给HR一种尊重对方和职位的感觉。

这里，要正确理解以上三点面试化妆的理由，并不是展现最好的一面必须要化妆，因为真正让你成功应聘上职位的，绝对不是你的妆容，而是通过妆容来为你的面试加分。

通过适合你的淡妆，来显示出你的礼貌和职业素养。

说到职业素养，就意味着妆容要与你所应聘的企业职位相匹配。比如你应聘的是与人打交道的人力资源职员或者是市场调研职员，可以配以淡妆，女士和男士都可以在脸上轻轻地铺一层粉底，既可遮盖瑕疵，又可提高肤色。选择较为接近原本皮肤颜色的浅色腮红即可，而眼影则最好不要使用。

过于浓妆艳抹的话，只会引起面试官的反感，为你的面试减分。

5.7 5分钟面试礼仪助力面试形象

在打造完面试形象之后，还少不了面试礼仪的助力，形象是你的外在表现，礼仪则是你形象的内在呈现。

我认为的内在表现，主要有以下几点。

1. 有时间观念

守时是职业道德的基本要求，也是个人素质的基本体现。这里，就不得不提到守时的德国人。

我们都知道德国的哲学家康德，但并不是谁都知道康德的守时：康德每天早上5点准时起床，7点去大学，9点到13点在书桌前写作，15点半准时出门散步，在菩提树大道来回走8圈。晚上22点准时上床睡觉。

如果“守时”这个词具有人形，那么康德就是它的化身。

有调查显示，85%的德国人都认为，赴约一定要遵守时间，同时他们也希望身边的人同样遵守时间。

虽然，面试守时是一个老生常谈的话题，但也是一个最重要最基本的话题。

在北上广这些交通拥堵的城市，想要一天跑三四个面试，可不是一件容易的事。要是遇上交通事故，也许连一个面试都赶不上。不管交通拥堵还是其他原因，你一定要保证下一个面试绝不能迟到。

大企业往往会把全部面试集中安排在几天之内，这几天之内会有很多人去面试，如果你迟到了，那么很可能就失去了获得这个岗位的机会。

因面试者迟到而不提供面试机会的企业，我想起了联想。联想企业的 HR 最忌讳面试者迟到，一旦迟到就绝对没有再面试的机会。

虽然一线城市交通拥堵，但你可以早一点出门。因为很多大企业是有通行证的，约 10 点面试，工作人员在 9:55 就会到门口等待，等待的时间最多不超过 20 分钟。若你期间给对方打电话，说你刚刚堵车，20 分钟后才能到，那真是对不起，在联想你就已经被 pass 了。

有些企业不会直接拒绝你的面试，只会相应给你减分。如果你在面试过程中没有过于精彩的表现，那么怎么才能弥补因为迟到而失去的分数呢？

所以，尽可能在出门之前查看好交通路线和交通情况，提前出门。若你真的迟到了，也要提前打电话告知对方，并且进行适当的补救，诚心诚意地表达你的歉意。

相较于迟到，有的企业也会介意你过于早到，同样会认为你没有时间观念。

2. 手机关机或静音

顺利到了面试企业之后，你要做的第一件事就是将手机调成静音或者关机。

小 X 就曾经闹过这样的笑话。一次群面中，突然一阵手机铃声响起，但由于太过紧张，导致 HR 问是谁的手机时，小 X 还没有反应过来，直到一位面试者看向小 X 并对他说：“好像是你的手机。”暂且不说小X的这次面试有没有顺利通过，但是他一定给HR留下了不好的印象。

所以，在面试之前一定要记得将手机调成静音或者关机，面试是很正式、很安静的场合，即使震动也会有声音！

这样也有助于你专心对待这次面试，如果这导致你错过了其他企业的面试电话，你可以在这次面试结束之后打回去咨询并致以歉意。

3．先敲门，后打招呼

若是没有工作人员在企业楼下接待你，那么你在将手机调成静音或者关机之后，就可以敲门询问了。而敲门也是一门不小的学问，从一个人的敲门方式中往往能够看出这个人是否有礼貌。如何敲门呢？如下表所示。

求职敲门注意事项

注意事项一	方式正确	将右手指弯曲后敲门，不要用手背手掌去拍门
注意事项二	次数适当	敲门的声音应该是间隔0.3～0.5秒，每一次敲门的次数都有不同含义
注意事项三	快慢适当	敲门次数的间隔不要太长或太短，也不要过多
注意事项四	耐心等待	在敲门完毕后的3～5秒是等待时间，不要直接推门进入，等到回应之后再进门
注意事项五	礼貌关门	与敲门相关联的是关门，要降低关门声音

一般来说，敲门三下的含义是："有人吗？我可以进去吗？"敲门两下的含义是："你好，我将要进门了。"敲门的力度要相同，不要因为紧张而使得对方听不见敲门的声音。

4．保持微笑与标准的站坐姿

微笑应该是你进门后面对HR的面部表情，具体有四点作用。

（1）面带微笑会使你保持一个乐观向上、充满自信的状态。

（2）可以减少你的紧张感和焦虑感。

（3）面带微笑可以拉近你和HR的心理距离。

（4）会给HR一个好印象，让HR认为你已经准备好了，可以进行下一步了。

微笑也是有标准的。科学家通过数据分析，制定出了一套完美笑容的衡量标准，即女明星杰西卡·辛普森的微笑。展露笑容时，嘴唇咧开宽度应达到脸部的二分之一；上、下嘴唇应以脸部中间线为基准对称。同时，微笑应该是发自内心的、真诚的，而不是虚假的、做作的。

在面带微笑的同时，你就应该将自己的物品摆放好，可以选择要入座的座位。坐姿和站姿的标准应当遵循“坐有坐相，站有站相”这个原则。

听到入座的指示之后，应当从座位左边入座，动作轻缓，坐稳之后身体保持端正。男士入座时应双脚踏地，在双膝之间留有一个自己拳头大小的距离，双手放在两膝之上；女士入座时应该双腿并拢，斜向一侧，双脚可前后略分开。

入座后最多可坐三分之二的座位，身体略微向前倾，腰部自然挺直。

正确且符合礼貌的站姿是，身形正直，两肩相平，双臂自然下垂于身体两侧，双腿立直，脚跟相靠，两脚尖张开约60度，切忌两脚尖张开的度数过大。

5. 别紧张，控制好语速

西方学者雅伯特·马伯蓝比（Albert Mebrabian）教授研究出“7/38/55”定律，即人际交往中，旁人对你的观感，只有7%取决于你真正谈话的内容，38%在于辅助表达谈话内容的方法，也就是语气、手势等，还有高达55%的比重决定于，你看起来够不够分量、够不够有说服力。

所以，面试的语速要平缓，应该根据内容转变语速和声调，切忌抢话、含糊、拖延。

6. 面试结束后礼貌道别

一番交谈之后，不管你们的交谈有多么愉快，你的面试都会在不占用下一位面试者时间的情况下结束，这时，就需要你及时捕捉到 HR 发出的面试结束信号。比如："很感谢你来参加面试""我们会慎重考虑你的，请耐心等待"等，这样的信号一发出，你就应该准备礼貌告别，不管对方是否明确地给了你面试结果，都要面带微笑地和 HR 道别，并礼貌地轻声关门，走出房间。

5.8 做足面试准备，提高面试质量

在打造完你的外在和内在形象之后，你还应该做如下准备：了解即将面试的企业的行业现状、社会情况、经济情况、发展情况以及应聘职位的工作内容。

有一些毕业生对目标特别清晰，因为在毕业之前就制定了职业规划，选好了具体的职业，同时对这个工作有一定的了解。

还有一些毕业生很盲目地投简历找工作，并不是因为没有做职业规划，而是为了提高面试率，选择了海投简历。

我不建议海投，因为缺少针对性，还会打乱你的求职心态。

针对正常投简历求职的你，在这时候，就要对即将面试的岗位有一个全面的准备。具体步骤如下图所示。

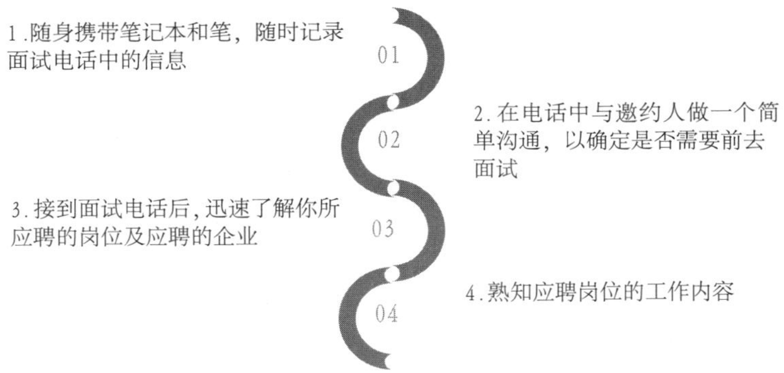

1. 随身携带笔记本和笔，随时记录面试电话中的信息

找工作期间随身带笔和本子，接到面试通知电话时，一定要听清楚对方是什么企业，记录对方的企业名称或询问企业要招聘的具体岗位，确定预约面试的时间。

不要直接问月薪等敏感问题，因为会造成不好的影响，最后再确认一下对方的联系方式，以防应聘时找不到面试地点或者需要更改面试时间。

2. 在电话中与邀约人做一个简单沟通，以确定是否需要前去面试

企业中拨打邀约电话的人可能有不一样的身份，比如负责面试的是招聘经理，而打电话的是招聘专员，在电话沟通时可能有的邀约人对于招聘信息不太了解，你可以与邀约人沟通，以确定是否需要去面试。

3. 接到面试电话后，迅速了解你所应聘的岗位及应聘的企业

在面试时大多数人想显示出自己的自信，而自信是源于你本身对于信息的了解程度。

比如我一直在做HR，当别人问我招聘方面的问题，我会特别自信地回答，但如果我对这个岗位不了解，我就会特别紧张。

如何去了解呢？有以下两点。

（1）在投递简历时就选择正在发展并且向上走的行业。

就目前来看，年轻人倾向于向互联网、计算机行业投递简历。这给大部分互联网和计算机企业注入了年轻的血液。下图展示了世界顶级科技企业员工的平均年龄。

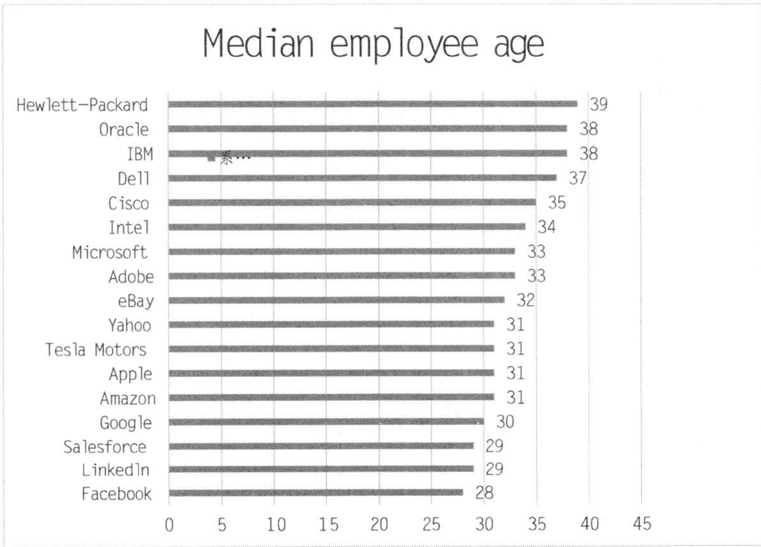

可以看出，平均年龄最低的是 Facebook 的 28 岁，其次的是 Linkedln 和 Salesforce 的 29 岁，最高的是 Hewlett-Packard 的 39 岁。

同时也可以看出，在顶级科技企业，员工的平均年龄有高有低，而这一现象也普遍存在于互联网和计算机行业中，这两个行业不断发展进步，已经逐渐站稳了脚步。

你若只是一个普普通通的应届毕业生，没有什么过人之处，那么，你可以加入目前比较大、比较成功的行业。比如互联网行业，从上面表格中的数据可以看出，快速发展的行业给年轻人的机会更多。

也可以找一个你认为是潜力股的行业。比如大数据、人工智能。对于应届生，这些向上发展的行业，会提供更多的岗位，会使你的机会比较多。薪资也会高很多，内部转岗及升迁的可能性会更大。

（2）查看企业官网，判断企业发展空间。

在与邀约人做了简单沟通之后，你可以查看其官网，通过官网你可以通过这些去做一个基本的判断，把基本行业分清楚。

在了解了这些之后，判断一下这个企业今后会有多大的发展空间。当然大多数人很难判断出企业以后会有怎样的发展。比如我们所熟悉的阿里巴巴集团，曾经有求职者和我说，十年前即使他有机会加入阿里巴巴，他也不能确定阿里巴巴以后是否会成为一个很伟大的企业。

如果你还想做更加充足的准备，可以查看该企业年度分析报告或者咨询企业内部工作人员。

4. 熟知应聘岗位的工作内容

不可否认的是，你要胜任一个岗位就要具有一定的知识（学历、证书）、能力、经验、态度等，企业在招聘时会将明确的任职资格与工作内容罗列出来，你可以根据这些来判定今后的工作情况。

岗位的任职资格一般是固定的，但很多企业的岗位招聘要求会结合企业文化、招聘部门经理的倾向，来决定各自的工作内容。这时，你就可以查看企业的相关岗位，一般来说，在一个部门里是有众多职能相同、工作相似的岗位。如招聘专员的相似岗位就是人力资源部门的众多岗位，培训专员、考核专员等。

对相关岗位进行调研和分析，有利于你全面了解应聘职位的工作内容和工作方向。

做足了面试准备后，你是否准备好了见HR？

★★★你的面试形象，打造好了吗？

了解上述内容之后，我们就试着开始打造你的面试形象，这里，先勾选你的性别，并将你设计和挑选的搭配写下来。

性别勾选：

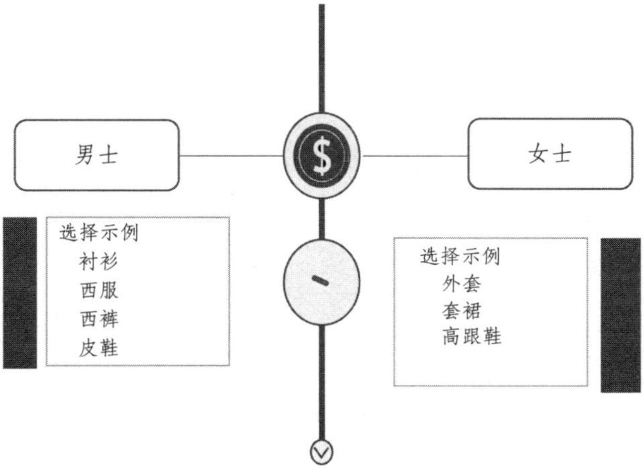
男士
女士
选择示例
衬衫
西服
西裤
皮鞋
选择示例
外套
套裙
高跟鞋

设计搭配着装：

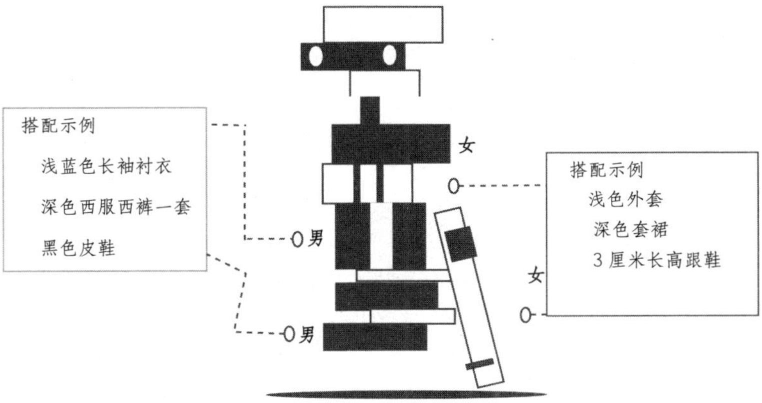
搭配示例
浅蓝色长袖衬衣
深色西服西裤一套
黑色皮鞋
男
男
女
女
搭配示例
浅色外套
深色套裙
3 厘米长高跟鞋

第 6 章

职场练兵场——搞定面试官

打造好个人形象之后，现在到了最后一关：面试。这是求职者的终极挑战。

无论是结构化面试、半结构化面试、视频面试、电话面试还是群体面试，也无论是中文面试还是英文面试，只有你真正具有实力，并且熟知各种形式面试的种类、流程和技巧，才能够将你最好的一面发挥出来，才有可能一路过关斩将，脱颖而出，应聘成功。

6.1 面试时，你对面的 HR 在想什么

当你进入面试的房间，面对一位或者数位面试官时，要先礼貌地问好，并且来一段自我介绍。这是最普遍的面试方式，然后就要开始分析面试官的“若有所思”，也就是分析面试官此刻在想什么。

6.1.1 自我介绍三部曲

什么是完整的自我介绍呢？如下图所示。

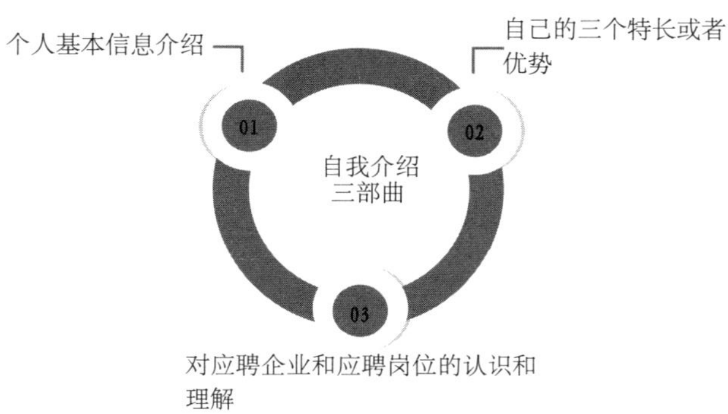

1. 个人基本信息介绍

个人介绍的时间应当控制在3分钟左右。

个人基本信息介绍作为自我介绍三部曲中的第一部，用30～50秒的时间。这部分的介绍要包含姓名、年龄、毕业院校、学历、专业、工作信息、社会实践等内容。

2. 自己的三个特长或者优势

介绍优势是自我介绍三部曲中的第二部，用60～80秒的时间。这部分内容的介绍要与简历相呼应、相吻合，将自己的专业学习成绩、技能证书、社会实践、工作经历、获奖情况等精炼成三点内容进行阐述。而这三点内容，应该是你自我介绍中最重要的部分。

3. 对应聘企业和应聘岗位的认识和理解

这是自我介绍三部曲中的第三部，用20～40秒的时间。这部分内容的主观性较强，主要考核你是否提前做足了准备，即考核你在了解行业和企业的前提下的自我认识和理解。

6.1.2 看透面试官或者HR的想法

自我介绍之后，HR会和你进行更深入的交流。

这时，你对面的HR究竟在想些什么呢？以下是我的总结。

（1）HR的想法一："你的面试着装感觉很符合我们的企业文化，而从你刚刚的言行举止上来看，你似乎是一个踏实稳定的人，若你之后的回答还不错，我会考虑录用你。"

从你的面试着装，HR就能判断出你是否看重这次面试，你是否进行了准备；从你的言行举止中，就会透露出你的礼仪素养，这些虽然都是很细小的方面，但依然逃不过HR的眼睛。

（2）HR的想法二："你的简历内容怎么和你说的不一样？到底

哪个才是真的？”

若是你投递的简历内容与你面试时所阐述的内容不一样，这时，你对面的HR很可能就在思考这个问题。

（3）HR的想法三：“我还有下一位面试者，你赶紧阐述你有什么技能或者优势，让我直接录用你。”

企业在每年的毕业季都会迎来一波繁忙的招聘，于是，企业HR也会迎来一波忙碌的面试，HR每天要面试大量毕业生，身心俱疲。他们非常希望作为应聘者的你，能尽快把你自己与工作相关的发光点说出来。

（4）HR的想法四：“你陆陆续续说了那么多，到底有哪些过往经验和能力是能直接迁移到岗位中，马上就能解决实际问题的？”

HR一旦产生了这个疑问，那就说明你的回答缺少了逻辑，而且零零散散，没有给HR想要的答案。或者，HR可能一眼就看出了你的漏洞，因为你的回答和很多人的回答是雷同的，也就是，你可能在照搬别人的回答。

（5）HR的想法五：“你的专业技能很强，可是你的实践经历为零，你到底有没有能力胜任这工作？”

当HR产生这个疑问时，就说明HR看中了你的专业技能，怀疑你的实践能力，而面试，就是再给你一个面对面的阐述机会。这时，在你的回答中，若是不能说明你能否快速地将专业技能融入实际工作中，那么HR可能就当场给你下一个否定的判断。

（6）HR的想法六：“你能接受加班吗？你能承受压力吗？你能在强压下推动项目的实施吗？”

有些企业或岗位对应聘者的抗压能力要求比较高，要能适应经常性的加班，要有结果导向意识，如果HR的这些疑问没有在你的简历中找到答案，那么，这次面试就是HR再次寻找答案的机会。如果你持犹豫态度，HR 也无法相信你能在客户面前保持自信，对你的印象也开始“打折”。

（7）HR 的想法七：“从简历上来看，你有很强的教育背景和专业技能，你总共有六个月的实习经历，而你的实习单位却换了三个，在我们这里你能稳定工作吗？”

我相信，任何一个 HR 都不希望看到一个骑驴找马、只是抱着试试看的态度进入企业的应聘者，因为那意味着该应聘者有不稳定的职业规划，对企业而言，意味着更多的招聘成本。

若你没有好好地解释你频繁更换实习单位的原因，我想 HR 是会对你减分的。

以上这些 HR 所想的问题，是很多面试中都会出现的，所以，在面试前要了解 HR 的所思所想，才能够知己知彼。

6.2 结构化面试与半结构化面试

结构化面试与半结构化面试，是很多企业采取的面试方式，这两种面试方式，有哪些不同呢?

6.2.1 定义与目的

结构化面试（Structured Interview）是指面试的内容、形式、程序、评分标准及结果的合成与分析等构成要素，按统一标准和要求进行的面试。

结构化面试这个词被中国科学院研究员时勘教授定义为：根据特定职位的胜任特征要求，遵循固定的程序，采用专门的题库、评价标准和评价方法，通过考官小组与应试者面对面的言语交流等方式，评价应试者是否符合招聘岗位要求的人才测评方法。

半结构化面试（Semi-Structured Interview）是指面试构成要素中有的内容做统一的要求，有的内容则不做统一的规定，也就是在预先设计好的试题（结构化面试）的基础上，面试中主考官会向应试者提出一些随机性的试题。

半结构化面试有很多优势，面试过程中的主动权主要控制在评价者手中，具有双向沟通性，可以获得比材料法中更为丰富、完整和深入的信息，且可以做到内容的结构性和灵活性的结合。所以，半结构化面试越来越得到广泛使用。半结构化面试是现在大多数企业的选择。

可以说结构化面试和半结构化面试主要是考察人岗匹配度。比如一个企业想招聘一名前台，期间会有很多特别优秀的应聘者来面试这个岗位，但是，企业就会考虑这些学历过高的应聘者是不是能长期在这个岗位工作。如果企业前台的这个岗位在工作半年后就会调岗去别的岗位，企业也同样会考虑这个因素。

可以说人岗匹配是结构化面试和半结构化面试的最终目的。

对于企业来说，一个人没有优秀不优秀，只有他适合不适合这份工作。人岗匹配意味着，面试十个人，HR会问十个一样的问题，对这十个人的回答来评分，根据这个评分高低决定他与这个岗位的匹配度。

6.2.2　运用STAR原则对待结构化面试

了解结构化面试与半结构化面试之后，应聘者应该运用STAR原则来对待结构化面试与半结构化面试。

所谓STAR原则，即Situation（情境）、Task（任务）、Action（行动）和Result（结果）。

STAR原则是结构化面试中非常重要的一个理论。面试官需要了解求职者如何做出这样的业绩、承担了什么责任、使用了什么方法、采取了什么手段，进而全面了解求职者的知识、经验、技能掌握程度以及工作风格、性格特点等更深层次的内容。

STAR 原则具体如下图所示。

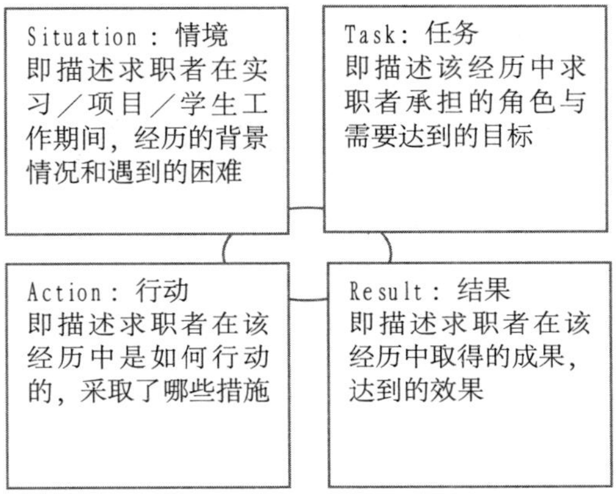

为了更好地理解 STAR 原则的使用，这里以“请举例说明，你是如何在一项团队活动中采取主动，并逐渐起到组织领导的作用，最终使得项目完成的？”这个问题为例进行 STAR 原则分析。

（1）Situation（情境）：这项实验项目是我们学校的重点项目，我们共有 12 个人共同参与。

（2）Task（任务）：我作为这次实验项目的组长，主要工作就是带领其他人共同研究和开发。我个人主要承担了组织讨论、撰写总结、控制进度等工作，保证了该实验项目的顺利完成。

（3）Action（行动）：基于对实验项目的充分了解，我将该项目分为三个小项目，划分了不同小项目的实施安排和进度。难度较高的小项目则由我带领其他人共同研究完成。同时，为了保障项目的顺利进行，我每周组织进行一次小组会议，汇总上周的研究报告，协调解决出现的问题。

（4）Result（结果）：该实验项目被学校采用，并且保留了我们团队的著作权和开发权。

半结构化面试也可以参考STAR原则，但是，更应该添加一些灵活度。除了结构化面试和半结构化面试之外，还有一些企业会选择视频面试或者电话面试。

6.3 视频面试与电话面试也需要重视

相比面对面面试，网络视频面试和电话面试会轻松许多。面对面面试很容易造成求职者紧张，说话不利索，导致面试结果不理想。

网络视频面试和电话面试时应该注意一些小细节，不要小看它们。

6.3.1 视频面试

视频面试是指用人单位与求职者利用电脑，通过视频摄像头和耳麦进行语音、视频、文字输入的即时沟通交流的招聘和面试行为。

经历过视频面试的小F认为，与面对面面试相比，视频面试可以打破时间和空间的限制，给应聘双方提供了便捷。

视频面试的流程如下所示。

1. 视频面试前的准备

视频面试之前，要规划好面试的时间。确认HR的上班时间，尽量不要占用HR的上班时间，也就是工作日的上午8:00到下午17:00。因为这段时间HR会有自己的工作与安排。一般HR会将视频面试安排在下班后，晚上20:00 ~ 22:00较为适宜。

要准备面试设备，一台电脑、一个摄像头和一个耳麦，若使用的是麦克风和音箱，建议你在使用时，不要把麦克风对着音箱，因为很有可能会产生回音。避免强光直射摄像头，应该采用柔和一点的明亮的灯光。视频面试的背景也应该较为庄重和严肃，不要摆放过多物品，保持干净和整齐。

接着，需要你对针对此职位的提问进行回答，因为视频面试时 HR 可能会提出一些出其不意的问题，所以一定要提前准备。然后你要把想问的问题汇总起来，有重点、有顺序地反馈给 HR。

这些准备工作做完之后，在视频面试过程中就要给对面的 HR 一个最好的展示。你可以询问面试官网络是否畅通，很多应聘者在视频面试时都会忘记网络情况，导致面试官因信号不好无法听清应聘者的回答情况。

2. 视频面试期间的对答

对答期间要按照对面 HR 的问题一步一步回答。

3. 视频面试后的整理工作

视频面试结束后，要及时整理面试内容，记录面试中出现的问题，若能得到进一步面试的机会，要记录好面试时间和地点。

6.3.2 电话面试

电话面试也就是通过电话来了解求职者的大体情况的面试方式。

由于有些企业 HR 时间和精力有限，无法让每个面试者都来企业进行面对面面试，所以先会通过电话面试来筛选出一部分合格的应聘者。

电话面试短则 5 分钟，长的会有 20 ~ 30 分钟。

与网络视频面试不同的是，你不需要准备面试环境、面试设备和面试着装，但要注意以下几点事项。

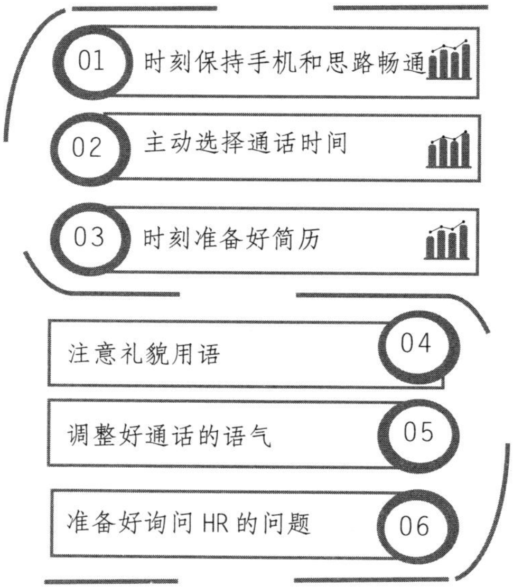

1. 时刻保持手机和思路畅通

在提交简历之后，你应该时刻保持手机畅通，因为很多重要的通知信息都是通过手机来传达的，为了保证不错过重要的信息，在你找工作期间，要时刻保证你的手机能够正常接听电话。

接听电话时，你要寻找一个相对安静的环境，以保证对方能够听见你说话，你也能听见对方说话。这时，要迅速理清面试的思路，赶紧拿出随身携带的简历，以保证对答流畅。

因为电话面试也是有时间限制的，HR 可能会在十分钟之内结束对你的面试，若是你没有做好充分的准备，回答问题时磕磕巴巴，很有可能失去机会。

2. 主动选择通话时间

你接到电话的地点可能在任何地方，街道、商场、公共汽车站等，这些环境很嘈杂，不适合和 HR 进行沟通，但你又没有办法及时寻找一个安静的环境，你可以和 HR 另外约一个合适的时间、合适的环境，以保证你和 HR 的通话质量。HR 在正常情况下都会接受的。接着你要记下 HR 的电话，在约定的时间主动回复电话。

3. 时刻准备好简历

我建议投递简历之后，随身携带一份与投递到该企业相同的简历。如果你按照不同企业要求准备了三份简历，并分别有针对性地投递了出去，那么你就要将这三份简历统统随身携带，并且在接电话的时候，迅速辨别企业的名称，以及你投递的是哪一份简历。

4. 注意礼貌用语

电话的另一边虽然“看不见”你的言行举止，应该在接到电话之后立刻坐直身体或者站直身体，面带微笑地回答问题，因为你的礼貌也会通过你的语气展现出来。

5. 调整好通话的语气

回答问题的过程中，要保持正常的语速，不要因为通话时间的限制而加快语速，这样对方会听不清楚你的回答，也不要因为没有思考好问题，就刻意减缓语速。电话另一边“阅人无数”的 HR 对你的套路都是了如指掌的。

6. 准备好询问 HR 的问题

这一点至关重要，因为面试的双方是平等的，问了你一系列问题后，HR 也会反问你是否有需要了解的情况。你不问问题不好，这样显得你并不太在意这个职位。有时候，HR 想通过你询问的问题来考察你临场发挥以及独立思考的能力。你可以问下一步的招聘流程、面试时间、岗位期望、企业发展培训空间、上岗时间等。最好不要问薪酬，在双方合作的意向还没有进入实质性阶段时，问薪酬显得过于功利。

当你们谈得差不多了，面试将要结束时，要感谢对方的来电，感谢对方的认可，进一步表达合作的愿望，你可以说：“感谢您的来电，谢谢您对我的认可，我希望能有机会与您面谈，您有任何问题请随时来电话。”同时，拿出笔和笔记本记录下次面试的时间和地点。

可以说，电话面试考察了你的思考能力、语言表达能力。在整个面试中保持自信，语速适中，是成功的关键。

但，意外总是会在不经意间发生。比如，投递简历后，可以先上该企业的官网，查一下是不是企业的电话，然后再打回去。HR 打来了电话，这个电话却不小心被错过，没有接到。那么，你打回去有以下两种可能。

（1）打回去，对方接听了电话。你要说明自己没有接到电话的原因，诚恳地希望对方原谅，并表示希望对方可以再给一次机会。

（2）打回去，对方没有接听电话。这时，你不用过于担心，可以等一段时间再打回去。

6.4 如何准备英文面试

外企很注重应聘者的外语口语能力，所以，在外企面试时会要求求职者使用英语自我介绍，并用英语来回答 HR 用英语提出的问题。

本节我将教给外企投递简历的你进行英语自我介绍，以及常见问题回答的方法和技巧，在这之前，我要向你普及一下外企面试的流程。

6.4.1 英文面试流程

外企的英文面试具体有什么样的流程呢？如下图所示。

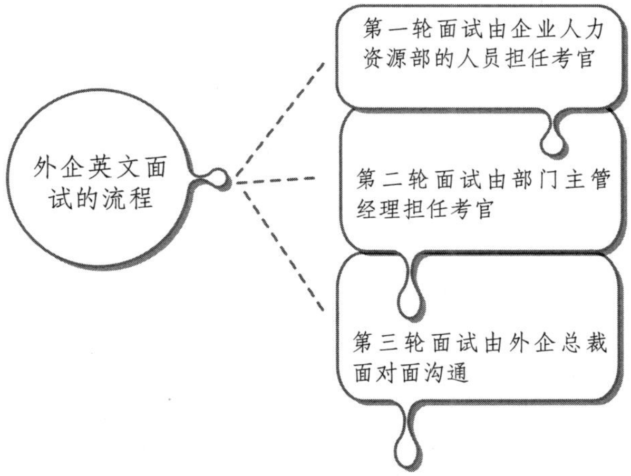

1．第一轮面试

对于第一轮面试来说，面试的内容主要是在查看你的简历时，询问一些有关你个人的问题，有时也会请你用英语做一个自我介绍。有些外企会考察你的英文笔试能力，也就是先进行一轮笔试环节。

2．第二轮面试

第二轮面试是重点，他们不会让你做自我介绍等类似环节，因为这部分已经在第一轮面试中进行过，这一轮他们会有针对性地提问你关于业务和能力方面的问题，考察你是否专业，是否有能力任职。

3．第三轮面试

若你通过了前面两轮的面试，那么，参加第三轮面试的你，就有很大的机会成功获得岗位。在第三轮面试中，外企总裁或者是总经理一般会询问企业精神、企业文化有关的问题，也会询问你的梦想。外企总裁或者总经理，会通过这样宏观的问题判断你的理念是否与企业的文化精神相契合。

了解了面试流程之后，就来开启第一轮面试吧。

6.4.2 英文面试第一轮：笔试+自我介绍

第一轮面试包含了笔试和自我介绍、询问个人情况等内容。

1. 英文笔试的常见问题

（1）Only one answer is correct.

When did you go for the last holiday?

A: I was gone for three months.

B: I went since three months.

C: I have gone for three months.

D: I went three months ago.

（2）Two answers are correct.

I haven't seen Mark for such a long time.

A: Where has he gone?

B: Are you good friends?

C: You had a good time, do not you?

D: Did he go abroad?

像这类笔试题目一般考查的是你的逻辑思维能力、英文语法能力和阅读能力，但笔试题目不会很多，对于这类题目你要仔细思考再作答，因为这直接关乎你是否能够参加后续的面试。

2. 英文自我介绍

英文的自我介绍，是你与部门主管的第一次正式交谈，这里，我提供了英文自我介绍常用的8句话。

（1）Good morning, everyone.

大家早上好。

（2）It's my great honor to introduce myself to you here.

很荣幸在这儿向大家做自我介绍。

（3）I am ××. I'm 25 years old, graduated from ×××× college. I am majored in computer.

我叫××，今年25岁，我毕业于××大学计算机专业。

（4）I have been employed by the ×× company for the last two years, as an office assistant.

我曾在×××企业工作两年，任办公室文员。

（5）I am 26 years old, and have had three years' experience in my present position which I am leaving to better myself.

我今年26岁，已在目前的职位工作三年，为更好地提升自己，准备离开此职位。

（6）I'm an outgoing girl, I like singing and sports.

我是一个活泼开朗的女孩，我喜欢唱歌和运动。

（7）I am confident of taking this job.If you give me the great chance,I won't disappoint you.

我有信心任职这份工作，如果贵企业给我这个机会，我想我不会让你失望的。

（8）Ok, that's all. I hope that you are satisfied with me, thank you!

简单介绍到这，希望我今天的表现能令您满意，谢谢！

以上这八句话，可以作为英文自我介绍的经典语句，若是将这八句话罗列在一起，就可以用作英文自我介绍的范文。

Good morning, everyone. It's my great honor to introduce myself to you here. I am ××. I'm 25 years old, graduated from ×××× college. I am majored in computer. I have been employed by the ××× company for the last two years as an office assistant.

I'm an outgoing girl, I like singing and sports. I am confident of taking this job. If you give me the great chance, I won't disappoint you. Ok,that's all. I hope that you are satisfied with me, thank you!

大家早上好，很荣幸在这儿向大家做自我介绍．我叫 ××，今年25岁，我毕业于 ××× 大学计算机专业。我曾在 ××× 企业工作两年，任办公室文员。我是一个活泼开朗的女孩，我喜欢唱歌和运动。我有信心任职这份工作，如果贵企业给我这个机会，我想我不会让你失望的，简单介绍到这，希望我今天的表现能令您满意，谢谢！

3．英文自我介绍范文

除了上面的英文自我介绍范文外，下面介绍其他自我介绍范文。

Good afternoon, ladies and gentlemen, I'm very happy to introduce myself to you here.

My name is ××, I'm 20 years old , and graduated from Guangzhou Finance and Economis Vocational School, my major is financial affairs. In the past two years, I worked as a custom service, salesperson, insurance agent and so on, I hope to get more learning opportunities to enrich my experience. I have confidence in the of position insurance sales of your company. Thank your company of giving me this opportunity of the personal interview.

先生们，女士们下午好，我很高兴在这儿向大家做自我介绍。我叫 ××，今年20岁，毕业于广州财经职业学校，学习的是金融事务专业。在过去的两年中我从事过客服、导购、保险等工作，我希望得到更多的学习机会丰富自己的阅历，我有信心任职贵企业的保险销售职务。感谢贵企业给我这次面试机会。

I am very happy to introduce myself here. I was born in Liaoning Province. I graduated from Nankai University and majored in International Trade. I like music and reading, especially economical books. It is my honor to apply this job. I hope I can realise my dream in our company. Please give me a chance. Thank you very much.

我很高兴在这里做自我介绍，我在辽宁省出生，毕业于南开大学，主修国际贸易。我喜欢音乐和读书，尤其是经济类的图书。申请这份工作是我的荣幸。我希望我能在贵企业实现我的梦想，请给我一次机会，谢谢。

这一轮回答切忌面面俱到。

6.4.3 英文面试第二轮：重要问题作答

做完自我介绍，并通过了第一轮面试，你该迎来第二轮面试了。这轮面试主要是应对面试官的尖锐问题。这里，我介绍一些英文面试常见的问题。

（1）问题一：What's your weakest point?（你最大的缺点是什么？）

There is no denying that foreign companies are always asking this question in an interview, making the interviewer nervous. In fact, he asked this question to see how you respond to a difficult question. You don't have to answer your weaknesses honestly because it might not get you the job. Instead, you can tell them something that isn't directly related to the job.

不可否认，外企面试时面试官总喜欢问这个问题，让面试者感到很紧张。其实，他问这个问题是看你对棘手问题的反应。遇到这个问题，你没必要如实回答你的弱点，因为那有可能让你得不到这份工作。相反，你可以告诉他们一些与工作不直接相关的事情。

参考回答：When I'm working on a project, I don't want just to meet deadlines. Rather, I prefer to complete the project well ahead of schedule.

我在做项目时不想只是赶最后期限，而是更愿意提前完成项目。

Being organized wasn't my strongest point, but I implemented a time management system that really helped my organization skills.

组织性强不是我最大的优点，但我实施了一个时间管理系统，对我的组织技能确实很有帮助。

（2）问题二：What is your greatest strength？（你最大的优点是什么？）

Compared to "what is your biggest weakness" the question, "what is your greatest strength" it is better to answer this question a lot, here, best said some work related advantages, can be able to work or communication and leadership skills, or is the ability to deal with the problem. For example, "I have strong leadership and communication skills, because I have led the experimental team to complete the experimental project within the specified date and have been praised by the leaders.

相比较"你最大的弱点是什么"这个问题，"你最大的优点是什么"这个问题要好回答很多，这里，最好说一些与工作相关的优点。比如工作能力、沟通能力、领导能力，或者是处理问题的能力。比如"我具有较强的领导和沟通能力，因为我曾经带领实验项目小组，在规定日期内完成了实验项目，获得了领导的赞扬。"

参考回答：My time management skills are excellent and I'm organized, efficient, and take pride in excelling at my work.

我有很强的时间管理能力，做事有条理，效率很高，并能出色地完成工作，我对此充满自豪。

（3）问题三：Please tell me about your work experience.（请告诉我你过去的工作经验。）

Work experience is what you did in the past. If you haven't started work, you can answer that I have just graduated from college. If you have done other work, you can answer: I worked as a sales clerk at xyz travel agency.

工作经验就是你过去所做的工作。如果尚未开始工作，就可以回答：我刚刚大学毕业，如果你已经从事过其他工作，可以回答：我在某某旅行社担任销售职员。

参考回答：I have been working as a computer programmer for five years. To be specific, I do system analysis, trouble shooting and provide software support.

我做了五年的电脑程序员。具体地说，我做系统分析、解决问题以及软件供应方面的支持。

（4）问题四：What kind of salary did you have in mind?（你期望的薪水是多少？）

Pay attention here, "salary" is how much money you earn, usually annual income. When answering this question, it's best to say a broad range, not an exact number. If you can tell the salary range, it means you know the industry well. But don't say anything.

这里你要注意，"salary"是你赚多少钱，通常是指年收入。回答这个问题时，最好说出一个大致范围，而不是一个确切的数字。如果你能说出这个工资范围，那就说明你对此行业非常了解，但不要乱说。

参考回答：I look up to salary not to make ends meet, but to enjoy my life. I'm afraid I am not the one who only concerns about paying bills but not others. Therefore, when I look for a job, I expect a high consideration which suits my ability and goals.

我希望自己的收入和支出不是刚好相抵，生活要舒适。而且，我不是一个只关心各种花销账单而不关心其他事情的人。因此，找工作的时候，我希望薪资可以高一些，符合我自己的能力以及目标。

在回答这一轮面试问题时，需要你有较强的英语口语表达能力，回答语速切莫过快，剑桥大学的一项调查显示，语速快一般是具备两种不同特质的人的体现，一种是思维和语言反应能力强且协调的人，一种是处事急躁的人。若是你在其他方面出了差错，那么很有可能被认为你是一个处事急躁的人。

6.4.4　英文面试第三轮：宏观类问题

如果你顺利地通过了英文面试第二轮，那么你就距离成功不远了。对于第三轮宏观类的问题，个人情感较重，主观性强，你回答问题的理念要与企业的文化精神相契合。

这类问题需要你用简单直白的英文回答，小心使用虚拟语气、倒装句等长词冗句，可以使用简单的句式，但要保证语法正确，语音标准。尽量用平实的语言直切正题。

（1）问题一：What is your dream?（你的梦想是什么？）

My dream is to be the best in the computer maintenance and development industry, the best in my mind, and be able to be remembered by the company.

我的梦想是在计算机维修和开发行业做到企业最好，自己心目中的最好，并且能够让企业记住我。

（2）问题二：Talk about your views of e−commerce industry.（谈谈你对电子商务行业的看法。）

E−commerce has emerged as a new business model in the last decade of the 20th century. Compared with the traditional trading mode, e−commerce has superiority in many places, such as it can break through the geographical limitation and time limit, make people in different areas to transfer information freely, as well as exchange, trade, I believe that the future of e−commerce industry is a potential development.

电子商务作为一种新的商业模式于20世纪最后的十年出现在人们面前。和传统的交易方式相比，电子商务有很多优越之处，如它可以突破地域和时间限制，使处于不同地区的人们自由地传递信息，互通有无，开展贸易。我相信未来的电子商务行业是具有发展潜力的。

（3）问题三：Do you like the American food culture?（你喜欢美国的饮食文化吗？）

I like American food culture very much, I also like the local conditions and customs of the United States. American diet don't pay attention to fine, the pursuit of it is quickness and convenience, and it is not costly, it is popular, so it reflects America's history, geography and characteristics of the local conditions and customs.

我很喜欢美国的饮食文化，也很喜欢美国的风土人情，因为美国式饮食不讲究精细，追求快捷方便，不奢华，比较大众化，这就体现出了美国的历史、地理及风土人情的特点。

若你对面的总裁对你的回答频频点头，那么恭喜你，你很有可能面试成功了。

6.5 如何在“群面”中脱颖而出

很多时候HR无法大范围、长时间地一对一面试，对于应届生的面试，很多HR会选择无领导小组讨论的方法进行。无领导小组讨论（Leaderless Group Discussion）是评价中心技术中经常使用的一种测评技术，采用情景模拟的方式对考生进行集体面试。

一般由6～8个求职者组成一组进行群面。在面试过程中，求职者需要在规定的时间内，对给出的问题进行讨论，讨论过程中不指定谁是领导，也不指定求职者应坐的位置，让求职者自行安排组织，达成统一意见，并在最后推举出一名成员做总结。

在整个讨论之后，面试官会根据求职者之前的表现进行提问，随后，根据求职者的回答来考查求职者组织协调能力、口头表达能力，辩论说服能力等各方面的能力和素质，最后通过综合评价来界定求职者之间的差别。

6.5.1 “群面”流程早知道

我们知道“群面”又叫无领导小组面试，是企业现在常用的一种面试形式。6 ~ 8 人组成的小组中，每一个面试者都是平等的，需要通过自己的努力，争取到小组公认的角色，并为小组的讨论分析，贡献自己的力量。

同时在这个过程中，将你分析问题能力、沟通表达能力、团队合作能力、专业知识运用能力、情绪控制能力、领导力等展示给面试官。

“群面”的流程是什么呢？如下图所示。

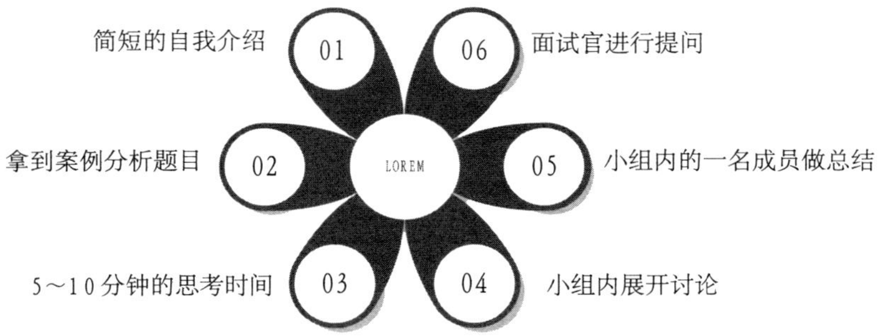

1. 简短的自我介绍

在第一个环节中，HR 或者面试官一般会要求小组成员每个人做一个简短的自我介绍，时间会控制在 1 ~ 3 分钟，但是也有企业为了节省时间而省去这一环节。

2. 拿到案例分析题目

在第二个环节中，每个小组成员都会拿到一个案例分析题目，小组内的题目都是一样的，案例分析题目中每个人前面都会有自己的名字，或者编号，以便分辨求职者。

3. 5 ~ 10 分钟的思考时间

接下来是第三个环节，拿到题目之后，每个人有 5 ~ 10 分钟的思考时间，可以用桌上提供的纸和笔做思考笔记。

4. 小组内展开讨论

每个人思考的时间结束后，小组内即展开讨论，讨论时间一般是 20 ~ 30 分钟，讨论结果必须内部达成一致。同时，讨论过程需要让 HR 听到。

5. 小组内的一名成员做总结

讨论时间结束后，需要小组推举出一名成员做此次讨论的陈述总结。

6. 面试官进行提问

HR 或者面试官听完陈述总结之后，会针对讨论过程中求职者的表现提出一些问题，要求求职者作答。

以上就是“群面”的流程，这种面试的流程能使很多应聘者同时进行面试，既可以为面试官节约大量时间，又可以选拔到优秀的人才，因而受到面试官的欢迎。

作为“群面”的成员通常需要承受巨大的压力，需要他们具有较强的应变能力、口语表达能力、组织领导能力，避免失常发挥。

6.5.2 “群面”技巧早知道

正是因为“群面”过程中的压力大，所以，我给将要进行“群面”

的你介绍几个小技巧，帮助你在“群面”过程中脱颖而出，如下表所示。

群面技巧

群面技巧一	提前到达，熟悉其他面试成员
群面技巧二	选择中间或是靠近 HR 的位置
群面技巧三	自我介绍时记住每个人的姓名
群面技巧四	将名字牌写成正反双面形式
群面技巧五	结束时整理考场
群面技巧六	礼貌地与 HR 道别

下面对表中的内容进行详细介绍。

1. 提前到达，熟悉其他面试成员

提前到达可以让你有时间熟悉可能与你成为一组的讨论成员，并且在熟悉的过程中尽量了解对方的性格，最好能够找到可以成为队友和朋友的成员。

2. 选择中间或是靠近 HR 的位置

群面开始之前，你的群面小组会入座，这时，你最好选择中间或是靠近 HR 的位置。中间的位置有利于你成为领导者，而靠近 HR 的位置有利于你辩论的观点被完整、清晰地听见，从而给他留下深刻的印象。

但是，也有事先预定好位置的情况，这时你就要根据你所在的位置做辩论准备。

3. 自我介绍时记住每个人的姓名

在成员自我介绍时，你要随手记下别人的名字，以便在讨论时方便称呼对方。

4. 将名字牌写成正反双面形式

为什么要写正反两面的名字牌呢？一般都会给大家一张白纸，让大家折成三折，放在面前成为名字牌。这时，你应拿起颜色最醒目的马克笔，在名字牌的正面写下你的名字，方便小组其他成员称呼，在名字牌的反面也写下你的名字，方便在HR提问时称呼你。

虽然这是一个小小的举动，但方便了别人，更方便了自己。

5．结束时整理考场

当“群面”结束后，千万不要一走了之，而是要善始善终，要主动清理考场垃圾，摆正桌椅，擦干净白板。

6．礼貌地与HR道别

在这一切都做完之后，礼貌地与HR道别，这样会加深HR或者面试官对你的印象。

在熟知这些小技巧之后，你就可以着重注意讨论过程了。

通常情况下，在“群面”中案例分析题目会有形或无形地形成以下三个角色。

作为面试小组成员的你，该如何在面试中表现突出？又该如何选择引领人、群众、汇报人这三个角色呢？

（1）你要做到三忽视、三重视，即忽视讨论结果，重视讨论过程；忽视讨论题目，重视讨论内容；忽视个人，重视团队作战。

（2）寻找意见一致的成员。一般来说，你在发言过后，对方在考虑是否接受你的观点时，会首先考虑你们之间的熟悉程度和友善程度。彼此的关系越亲密，就越容易接受你的观点，关系越敌对，就越难接受你的观点，甚至会立刻产生与你相左的观点来保护自己。

（3）讨论时要大胆开口、抢先发言。小组讨论的时间一般来说不会超过半个小时，这半个小时中，你的发言机会是屈指可数的，你如果胆小怯场，沉默不语，不敢放声交谈，那就等于失去了考查的机会。只有大胆发言，发言过程中不要停顿太久，才能给HR留下一个深刻的印象。

（4）讨论时要抓住问题的实质，言简意赅。也就是说，你要注意你的语言攻击力和威慑力，注意你是否抓住了核心问题中的核心观点。在反驳对方的时候更要用论据佐证论点，做到有理有据，不要盲目跟风地持同样的论点。

（5）尊重他人观点，不恶语相向。相信每一个成员都想抓住机会多发言，以便突显自己。但过分表现自己，对对方观点无端攻击、横加指责、恶语相向，只会导致自己最早出局。

若你是小组中的领导者，就更要把握好辩驳的分寸，做到观点鲜明，论证严谨，即使表达与他人不同的意见和反驳别人先前的言论，也不要恶语相加，要做到既能够清楚表达自己的立场，又不令别人难堪。

（6）逐一点评，充当领导者。“群面”讨论开始时最好找机会成为小组领导人，目的就是展示自己引导讨论及总结的才能。尤其是对该问题无突出见解时，当领导人实在是明智之举。

在讨论结束之前，你可以和各成员交谈要点，并适时拿出自己令人信服的观点，使自己处于讨论的中心，无形中成为领导者的角色，自然就为自己加分了。

同时，随身携带笔和笔记本，在别人发言时记录对方的观点，“群面”讨论结束后根据讨论过程做出讨论提纲和讨论结果，以便应对HR或者面试官的提问。

了解了“群面”和讨论的技巧之后，你就可以大胆地参加“群面”了。

6.5.3 “群面”案例分析

现在网上有很多“群面”的题目，下面就是一个经典的“群面”题目。在这里，为了便于理解，我引用了小X、小Y、小F这三个名字，模拟讨论小组的成员。

海上救援 世界500强LGD面试题

现在发生海难，一艘游艇上有8名游客等待救援，但直升机每次只能够救一个人。

游艇已坏，不停漏水，下面是游客情况：

（1）将军，男，69岁，身经百战。

（2）外科医生，女，41岁，医术高明，医德高尚。

（3）大学生，男，19岁，家境贫寒，曾参加国际奥数并获奖。

（4）大学教授，50岁，正主持一个科学领域的项目研究。

（5）运动员，女，23岁，奥运金牌获得者。

（6）经理人，35岁，擅长管理，曾将一大型企业扭亏为盈。

（7）小学校长，53岁，男，劳动模范、五一劳动奖章获得者。

（8）中学教师，女，47岁，桃李满天下，教学经验丰富。

请为这8名游客排出一个最恰当的营救先后顺序。

3分钟阅题时间，1分钟自我观点陈述，15分钟小组讨论，1分钟总结陈词。

1分钟自我观点陈述时，小F正在分析题目中的信息点，并在心中列出了排序标准，即社会贡献。随后将题目中的角色分别对应到标准中：他认为救援顺序为大学教授、经理人、校长和老师，运动员垫后，而医生、大学生、将军始终难以抉择。

到了1分钟自我观点陈述时，小F犹豫不决没有起身发言。

这时，小X站起来说：经过思考，我的标准有两个，第一是对社会的贡献，第二是自救能力。所以，在这样的标准下，教授、大学生、教师等排得较前。

小Y的排序标准，也是对社会的贡献和自救能力。但小Y的结论几乎跟小X的完全相反，小Y将大学生排在最前，运动员位列第三，教师则垫底。

听完两个人的观点之后，小F发现他与小X的观点相一致，排序标准也相似。

以下是小X、小Y、小F他们小组的讨论过程。

和小Y持同样观点的小A认为：对社会的贡献是首选，而自救能力也毫无意外紧跟在后面，最后考虑的是年龄以及性别等因素。

小F提出可以将这些人的行业类型进行分类，也就是将之前确立的排序标准进行细分，并列出了优先等级，即社会贡献与自救能力。

随后，将题目中的信息点进行总结和划分，并且将这些信息点逐一贴在确定好的排序标准之中，即教授和大学生属于“科技类”，经理人归入“经济类”，医生当属“医学类”，校长、老师是“教育类”，将军和运动员并入“其他领域”。

讨论过程中，根据这些行业对社会的贡献，再将分类进行排序：

科技 > 经济 > 教育 > 医学 > 其他。原因阐述：科学技术是第一生产力；经济是上层建筑的基础，发展才是硬道理；建国军民，教育为先，国家要发展，还靠新一代；医学、其他屈后。

（1）科技：教授和大学生。教授先救，原因：①年龄较大；②正主持一个项目研究（也许是解决全球变暖的严峻问题），对人类有较大贡献。大学生虽有潜力，但他正值壮年，自救能力应该较强。

（2）经济：经理人。无人相争，毫无意外地当选。

（3）教育：先救女教师再救男校长。原因：优秀教师对教育的良性促进作用更大，况且是女教师，应当先救。

（4）医学：医生。

（5）其他：将军、运动员。拿过奥运会金牌的年轻运动员，其身体素质应该比正常人强，生存能力和自救能力方面都会比已经69岁的将军更有优势，因此运动员最后才救。

综上所述，排序为：教授、大学生、经理人、教师、校长、医生、将军、运动员。

经过激烈的讨论，最后由小组成员小F做出最终汇报。

尊敬的面试官，现在将由我代表我组成员，向您陈述我们小组的最终意见。在讨论之后，我们的营救顺序是：大学教授、大学生、经理人、教师、校长、医生、将军，最后是运动员。

根据给定的阅题、阐述观点和讨论时间，我们小组进行了以下安排：4分钟的标准订立，10分钟的分类讨论，最后是1分钟的确定答案。

在标准订立方面，小组成员的意见没有太大的分歧，我们将“对社会的贡献程度”作为最重要的标准。因为生命无轻重之分，能够对营救次序起决定作用的，是被救人员所可以提供给整个社会的贡献的多少。

但只有这个标准是不全面的，所以我们还考虑了被救人员的自救能力。自救能力的高低，对营救次序的决定也起着关键的作用。根据所给的资料，力求合理，我们在最后把年龄与性别也归为了考虑的因素。

标准订立之后，我们进行了10分钟的分类讨论。首先我们把8名游客按照对社会的贡献程度大致分成了科技、经济、教育、医学、其他。

原因有如下几点：（1）“科学技术是第一生产力”，从宏观上讲，发展先进的科技有助于我们发展经济、教育等社会的各个方面，所以，科技人员是第一位的。

（2）经济是上层建筑的基础，打好经济方能发展社会，所以经济人员是第二位。

（3）国家要发展，还需要培养新一代的接班人，所以教育人员是第三位。

（4）医学对社会的贡献也是非常大的，所以医学人员是第四位。

之后，我们根据所给的人物进行排序。

（1）科技类里面有教授和大学生。我们选择先救教授，一方面是他正主持一个科学项目研究，对人类有较大贡献；另一方面是他年纪比较大，自救能力相对较差；而大学生虽有潜力，但他正值壮年，自救能力应该较强。

（2）经济类只有经理人，他擅长管理而且有成功的经验，这是我们社会经济发展所需要的人才。

（3）教育里面有校长和教师，必须先救女教师，因为优秀的教师对教育有着更为直接的良性促进作用，况且教师是女性，自救能力较差，应当先救。

（4）医学类的医生是第六个被救的人。

（5）还剩下将军和运动员。将军年老，而拿过奥运会金牌的运动员在身体素质方面具有较明显的优势，自救能力强。因此将军第七，运动员第八。

最后我再次重复我们的排序，依次是：教授、大学生、经理人、教师、校长、医生、将军，最后是运动员。以上就是我们小组分析讨论之后得出的结论。谢谢！

这个“群面”的过程可以说比较全面了，这虽然是一个案例，但讨论和汇报的过程还是比较完整的。“群面”中的案例分析是有方法的，如下所示。

方法一：拿到题目时立刻分析题目中所包含的信息点。

方法二：确立标准，列出所有相关标准。

方法三：按照标准进行排序，并分析各个标准的优先级别，按照第一标准、第二标准、第三标准的方法逐一列出。

方法四：将题目中的各个选择进行划分和总结，并分别排列到所列出的标准中。

上面案例分析中的小 F 确立了两个标准，即对社会的贡献和自救能力，并且做出了排序：①社会贡献；②自救能力。

随后对题目中的信息点进行了深入分析，最后，将分析后的信息点逐一贴在所排序好的标准中。

小组讨论时，千万要避免以下误区：

误区一：常识性错误，每个人对于案例中人物的分析标准不一样，但是一定要以达标准为前提。

误区二：逻辑性错误，拿到题目直接研究细节，而不是先订立标准，后逐一分析。

一般来说，这两个错误是致命的，所以在做案例分析时一定要多注意。

★★★联合利华的 AI 面试

本章介绍了很多面试形式，这里，我将带你认识一下联合利华的 AI（人工智能）面试。

联合利华集团是由荷兰 Margarine Unie 人造奶油企业和英国 Lever Brothers 香皂企业于 1929 年合并而成。总部设于荷兰鹿特丹和英国伦敦，分别负责食品与洗剂用品事业的经营。

作为全球最大的消费品企业之一的联合利华，2017 年在全球范围内已拥有 17 万名员工。现在在人才市场上，联合利华试图寻找一种新的方法来让招聘变得更有质量。

2016—2017 年的时间里，联合利华在北美地区试行了利用人工智能招聘初级员工。在这个招聘过程中，要通过两个环节才能让应聘者与真人 HR 联系，即算法筛选简历、进行初试。

这一年中，AI 的应用逐渐扩展到全球 68 个国家的招聘环节。到如今联合利华已经用 15 种语言为超过 25 万名候选人进行过面试筛选。

这种招聘方式新奇又有趣，当你点击联合利华官网看见某一个招聘岗位正合你意的时候，你可以点击进去提交 Linkedin 资料，告诉他们你喜欢这个岗位。之后你会被引导进入 Pymetrics 平台，花 20 分钟玩几个游戏。比如，有一个点击压力泵给气球充气的游戏，充气越多价值越高，直到它爆炸，钱币归零，如下图所示。

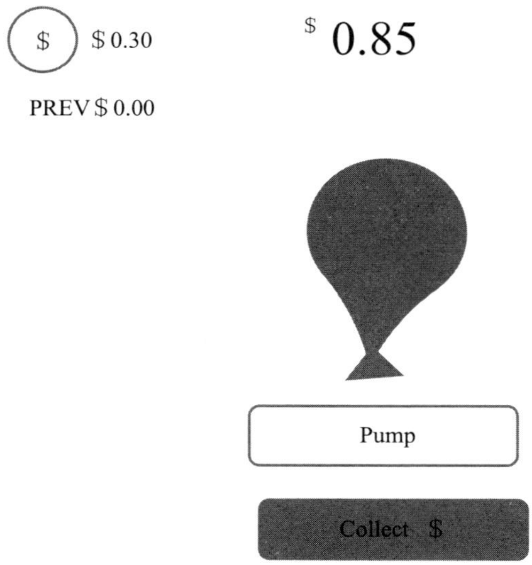

原则是在三分钟内尽可能多地收集钱币。当然，在游戏的过程中，你随时可以停止充气并拿走钱币，除了三分钟的时间限定之外，这游戏的一切都由你自己掌控。

很多人看见这个游戏时，都会以为它是个玩笑，但你不知道的是，被视作玩笑的游戏其实是一个风险评估能力测试。Pymetrics 首席执行官弗里达·波利解释，这些游戏中贯穿着认知神经科学的黄金标准，有的是测试候选者的专注力，有的则能看出阅读能力和情感领悟能力。

当你的游戏时间结束后，它会评估你是否适合这个岗位或者应该在什么领域发挥专长。

若你有幸通过这个小游戏，你就要接受一场没有面试官的视频面试了。问题是既定的，需要一部手机或者一个平板电脑来配合。

但这并不是简单的，你看见的视频面试同样是为智能分析提供素材，作答时的关键词、语音语调会被记录成数据，你的表情举动也会成为分析对象。所有细微之处都逃不过它。

在经过三分钟小游戏和视频面试的两轮筛选后，智能算法会把合适的候选人挑出来交给经理。这也是这场面试中唯一有人工介入的环节。你会被邀请到联合利华的办公室来进行一天的工作体验。

假如招聘人员认可了你，你将在面试后不久收到 Offer。

这套先进的人工智能面试为联合利华招聘了不少员工。

可以说，人工智能时代已经来临，人工智能招聘系统已经被采用。联合利华的人工智能面试是否让你大开眼界、赞叹不已呢?

第 7 章

完美避开面试陷阱

HR 为了保证能选中优秀的人才，有时会在面试中设置种种语言陷阱，以探测面试者的智慧、性格、应变能力和心理承受能力。面试者只有注意这样的语言陷阱，才能小心巧妙地绕开它。

7.1 激将类陷阱

在本书的第 6 章中，我列举了面试时 HR 的七个你不知道的想法，事实上，HR 的有些想法若是落实在 HR 问你的问题中，就会变成陷阱，等着你往里面跳。

对于激将类的陷阱，小 X 可是深有体会，让小 X 想起了曾经参加电话面试的经历。当时，顺利通过电话面试的小 X 在与面试官进行面对面面试时，曾经被面试官双目紧盯询问道：“你的毕业院校似乎不是很出名，我都没有听说过。”

面对面试官这种咄咄逼人的气势，小 X 的情绪瞬间就被激怒了，导致回答有些结结巴巴、无语伦次。

小 X 的这种状态，明显就是掉进了面试官的激将类陷阱中。这种语言类的刺激有时被面试官用作淘汰面试者的手段，有时被用作考验面试者的方式。

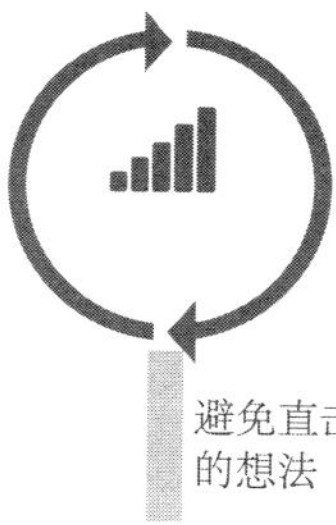

在遇到面试官的这种激将问题时，首先要控制好情绪，让自己尽快冷静下来。回答时不要直接回击面试官："可能因为你不太了解我的专业或者是大学。"而要说："我的学校在北京，那里的高校太多了，导致我的学校不是那么出名。"

但是，幸运的是，面试官看重的是小X的技能，所以录用了小X。

7.2　诱导类陷阱

诱导类陷阱不同于激将类陷阱，提出诱导类陷阱的面试官有时候会专门挑选让面试者尴尬的问题。

比如在本书的第六章中讲述的HR的想法七："从简历上来看，你有很强的教育背景和专业技能，你总共有六个月的实习经历，而你的实习单位却换了三个，在我们的企业中你能稳定工作吗？"就是一个诱导类的陷阱。

面对这样的问题，如果回答："我不认为我频繁地更换工作是因为我不能够稳定地工作。"你就彻底掉进了面试官的诱导类陷阱里了，因为对方提出这样的问题，不是想听更换工作的结果，而是想知道你对这个问题的看法或者解释。

对于诱导类陷阱，你可以这样回答："这个问题值得探讨，是某某原因导致了我在实习期间较为频繁地更换工作。"这个回答一定要婉转，不要太强硬。

7.3　挑战类陷阱

小F顺利通过了视频面试，可是面对面面试时，面试官边看小F的简历，边说："依你的学历和成绩来看，你能找到更好的工作吧？"

听到这个问题，小F立刻就慌了，他完全没有想到面试官会问这个问题，到底该回答“是”还是“不是”呢?

这里，我给出这两种回答之后的后果。

- 回答“是”：面试官会认为小 F“身在曹营心在汉”，很可能在该企业工作时间不久就会跳槽。
- 回答“不是”：会认为小 F 缺乏自信心，在工作上也许不能够好好地展现自己。

所以，以上两种回答都不可取，这是面试官设置好的陷阱，面试官想要的是小 F 能否在该企业长期稳定工作的态度。

那么，小 F 应该如何回答呢? 比如：“贵企业的业务能力和范围是非常令我向往的，也许我能够找到更好的企业，但我还是愿意在我向往的企业工作，请相信，我一定会虚心请教、扎实工作。”

面对这样的回答，面试官已经得到了小 F 的决心，也就不会再提类似的陷阱问题了。

7.4 测试类陷阱

第六章中第一节讲述的 HR 的想法三：“我还有下一位面试者，你赶紧阐述你有什么技能或者优势，让我直接录用你。”就是一个测试类的陷阱。

除了上述这个问题，以下两个问题也属于测试类陷阱。

问题一：今天已经有将近 20 个人来参加面试了，你怎么证明你是最适合这个职位的?

问题二：相比较其他面试者，你更具备哪些优势?

对于这类问题，首先你要提到你的专业与该职位匹配度的问题；其次，要谈论你的优势。

主要回答匹配度，次要回答优势。

你可以这样回答："我所学习的专业是动漫设计专业，而我的实习也是动漫设计类的工作，我认为我在学习和工作中已经积累了一定的经验，我所应聘的正好是动漫设计岗位。同时，我的动漫设计相关软件的运用非常娴熟，在校期间曾获得过省设计大赛的三等奖，对于这份工作我十分有信心。"

切忌，回答测试类问题时，千万不要长篇大论地畅谈你的优点，也不要滔滔不绝地阐述你的专业性。

7.5 "请君入瓮"式语言陷阱

我认为，在各种语言陷阱中，最具危险的、最容易掉进去的要数"请君入瓮"式语言陷阱了。

对于这个陷阱有如下的两个事例。

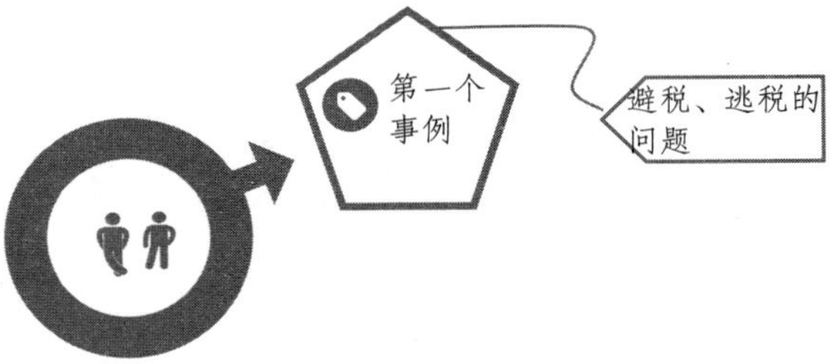

假设你面试的职位是一家企业的财务会计，面试官突然问道："如果面试成功，你作为咱们企业的财务会计，你的上司要求你想办法一年之内逃税50万元时，你打算怎么办？"

如果你还在思考逃税计谋，那你就上了圈套、掉进了陷阱。因为面试官抛出这个问题时，目的是测试你的商业判断能力和职业道德。

你要记住，遵纪守法是员工最基本的行为要求。

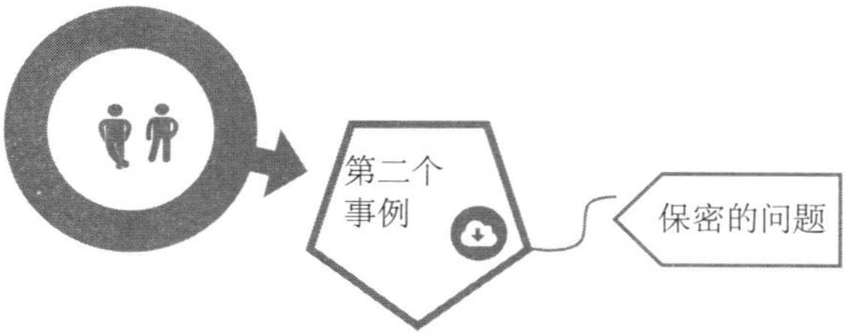

假设你面试的职位是一家企业的经理助理，面试官突然问道："从简历上看，你的实习单位是 ×× 企业，你一定有些保密性的数据和资料吧，如果你面试成功，你愿意将这些宝贵的数据和资料与大家分享，让我们共同进步吗？"

如果你还在思考到底要不要将这些数据和资料与大家分享，你同样也上了圈套、掉进了陷阱。因为面试官抛出这个问题，目的是测试你的职业道德。

所以，遇到这种语言陷阱时，不要被这种亲近的语气所迷惑，更不要顺着这一思路说下去。

这类语言陷阱在很多面试中都会出现，作为面试者的你可不容忽视。

综合来说，在面试中，面试官也许会设计各种各样的语言陷阱，但只要你能保持清醒的头脑，控制好自己的情绪，坚守职业道德，便可以避过面试中的各种语言陷阱。

在避开这些陷阱之后，小 F 就收到了 Offer。下面我们来看看巧妙回答面试陷阱的八大方法。

★★★一网打尽，巧妙回答面试问题

（1）工作中你难以和同事、上司相处时，你该怎么办？

对于这个问题的发生，第一步，我会从自身找原因，仔细分析是不是自己工作做得不好，让领导不满意、同事看不惯，是不是为人处世方面做得不好，如果是这样，我会努力改正；第二步，我会服从领导的安排，配合同事的工作。因为作为一名合格的员工，应该时刻以大局为重，即使在一段时间内，领导和同事对我不理解，我也会做好本职工作，努力与大家融洽相处。

（2）如果我们单位录用了你，但工作一段时间发现你不适合这个职位，你该怎么办？

这种情况的出现，可能有两种后续发展：一种是我确实热爱这份工作，那我就要不断学习，虚心向领导和同事学习业务知识和处事经验，了解这个职业的精神内涵和职业要求，力争减少差距；另一种是我觉得自己不适合这份工作，就无须坚持，不如去发现真正适合我的工作，这样对单位和我个人都有好处。不过我既然选择了这里，就一定会努力适应和学习的。

（3）在完成某项工作时，你认为领导要求的方式不是最好的，你有更好的方法，你应该怎么做？

对于这种情况的发生，我会这样处理：第一，原则上我会尊重和服从领导的工作安排，同时私底下找机会以请教的口吻，婉转地表达自己的看法，看看领导是否能改变想法；第二，如果领导没有采纳我的建议，我也同样会按领导的要求认真地去完成这项工作：第三，假如领导要求的方式违背原则，我会坚决提出反对意见，如领导仍固执己见，我会毫不犹豫地向上级领导反映。

（4）假设你在某单位工作，成绩比较突出，得到领导的肯定，但同时你发现同事们越来越孤立你。你怎么看这个问题？你准备怎么办？

首先我应该感到高兴，因为我的工作得到了领导的肯定，但也要检讨一下自己，是不是在工作中给同事造成了困扰，并要加强同事间的交往及共同的兴趣爱好的培养。

（5）如果你的工作出现失误，给企业造成了经济损失，你认为该怎么办？

遇到这种情况，我会感到非常抱歉，如果造成了经济损失，我认为首要的问题是想方设法去弥补或挽回经济损失。

其次我认为要分清责任，各负其责。如果是我的责任，我甘愿受罚；如果是一个我负责的团队中别人的失误，我会安慰同事并且帮助同事查找原因总结经验。

最后，在处理完问题之后，我会总结经验教训，人的一生不可能不犯错误，重要的是能从自己的或者是别人的错误中吸取经验教训，并在今后的工作中避免发生同样的错误。检讨自己的工作方法、分析问题的深度和力度是否不够，以致出现了本可以避免的错误。

（6）如果你做的一项工作受到上级领导的表扬，但你的主管领导说是他做的，你该怎么办？

我不会找那位上级领导说明这件事，我会主动找我的主管领导来沟通，因为沟通是解决人际问题的最好办法。但结果会有两种：第一种，我的主管领导认识到自己的错误，我会视具体情况决定是否原谅他；第二种，他反过来威胁我，那我会毫不犹豫地找我的上级领导反映此事，因为他这样做会造成负面影响，对今后的工作不利。

（7）如果你在这次面试中没有被录用，你怎么打算？

当今社会是一个竞争的社会，从这次面试中也可看出这一点，有竞争就必然有优劣，有成功必定就会有失败。往往成功的背后有许多的困难和挫折，如果这次我失败了也仅仅是一次而已，只有经验的积累才能塑造出成功者。

首先，我会勇敢面对这次失败，并不气馁，接受这个现实，从心理意志和精神上体现出对这次失败的抵抗力；接着，我会进行一个反思，认真总结这次面试经验，并思考剖析，从自身的角度找差距并正确对待自己，实事求是地评价自己，辩证地看待自己的长短与得失；最后，我会更加努力地弥补自身的不足，加强学习，提高各方面的能力。

（8）谈谈你对跳槽和跨界的看法？

我认为跳槽和跨界是两个含义完全不同的词语。

跳槽即离开原来的工作，另谋高就，是一种被迫辞职型、被动拉拢型的更换工作。而跨界，我认为是在积累了某项专业的深度后，再慢慢触类旁通到不同领域。

对于频繁跳槽的人，我会觉得他没有耐心，来不及积累专业知识，自然也无法成为专业人士。对于这种跳槽的方法，很显然就是在“跳坑”，这个过程中浪费的不仅是自己的精力，更失去了成为专业人士的机会。

所以，作为职场新人的应届毕业生，要明确自己的目标，然后耐得住性子，不断学习，不断提高，当自己在某个领域积累了某项专业的深度后，再慢慢触类旁通到不同领域，而不是盲目地跳槽。

但若是实在不喜欢自己所在的职位或者是工作内容，或者是遇到了更有发展前景的工作，也可以考虑，毕竟全新的环境给职场人的激励更大。所以，无论是跳槽还是跨界，不能仅看到工资的提升，更应该衡量职位带给自己的价值，衡量职位是否拥有更多挑战，能积累更多知识以及有更好的未来。

第 8 章

来自幸福的烦恼——选 Offer

正如弗洛伊德曾说："当你做小的决定时，应当依靠你的大脑，把利弊罗列下来，分析并做出正确的决定；当你做大的决定时，如寻找终身伴侣或者寻找理想时，你就应该依靠你的潜意识，因为这么重大的决定必须由你心灵深处的最大需要为依据。"

我相信，能够拿到自己心仪 Offer 的面试者一定是足够优秀的。但若是拿到了多个 Offer 时，就应该按照弗洛伊德的主旨进行选择。

8.1 避开陷阱后，Offer砸到头

在避开面试陷阱后，小F收到了来自某企业电子版录用通知书，即Offer（一）。

聘用函

尊敬的小F先生，您好：

根据面试的情况及对您工作能力的初步了解，经慎重考虑，我企业认为您符合我企业的相关岗位要求，特发此聘用函诚邀您加入××机械企业。此聘用函将会在您签字表示接受聘用时生效。

现将聘用您的职位及薪酬福利等情况描述如下：

岗位为设计部设计员。

工作地点为北京。

劳动合同期限为1年，自劳动合同约定的起始日期开始计算。

试用期为1个月。

工作报到日期为2018年6月20日，如有变动以劳动合同约定的

日期为准。

任职期间为您提供的薪资标准为：

基本工资税前人民币6000元/月；

岗位津贴税前人民币800元/月；

绩效奖金税前人民币3000元/月。

任职第一个工作月度无绩效奖金。

企业有权根据员工当月绩效表现情况或职责变更，予以月度绩效奖金或全年薪资标准的调整。

请您在收到此函后务必于3个工作日内以电子邮件形式回复，予以确认下列事项：

1. 是否同意接受聘用。

2. 如接受聘用，是否能于2018年6月20日到我企业人力资源部办理聘用签约手续。或上述时间不便，请注明您可以到我企业人力资源部办理聘用签约手续的具体日期和时间。

3. 如不接受聘用，烦请您注明具体原因。

我们真诚欢迎您加入××这个大家庭，并希望在今后的工作中能与您携手并进，共创未来。

聘用单位：××机械企业

2018年6月15日

签字（表示同意上述条款）____________日期：______________

在收到这份Offer后，小F内心是非常高兴的，因为他投递了五家想要工作的企业，其中有三家企业邀请小F去面试，并且小F也顺利地通过了这三家企业的面试，这份聘用函就是其中的一家企业。

在收到这份聘用函之后，小F又陆续地收到了其他两家企业的聘用函，也就是说除去这份 Offer，小 F 还有两份 Offer 在手。

这时的小 F 该怎样选择呢？

8.2　Offer 太多也是甜蜜的负担

正如上一节所讲，小 F 的手中一共有三份 Offer。但是这似乎成了一种甜蜜的负担。那么，到底小 F 该怎样选择呢？我们先来看另外两份 Offer。

Offer（二）

聘用邀约函

尊敬的小 F 先生，您好！

根据面试的情况及对您工作能力的初步了解，经慎重考虑，我企业认为您符合我企业相关岗位的要求，特发此聘用函诚邀您加入 ×× 有限企业。此聘用函，将会在您签字表示接受聘用时生效。

您的岗位部门为设计研发部研发员；

工作地点为北京；

试用期为 1 ～ 3 个月；

工作报到日期为 2018 年 07 月 01 日；

您的职责与待遇如下：

1. 企业的工作时间为 8:30 至 17:30，其中 12:00 至 13:00 为午餐及休息时间；

2. 试用期月薪为 5500 元 / 月，转正后有 2000 元至 4000 元的涨幅。企业将在您的每月工资中按劳动法规定代扣您的个人所得税的个人缴纳部分及国家规定的其他有关保险等费用，年终根据企业业绩及制度发放奖金；企业提供工作午餐或午餐补助；企业实行五天八小时工作制，加班费另算。

3. 档案调入企业后，可享受养老保险、医疗保险和失业保险及住房公积金，企业将从工资中代扣个人应缴部分；此外，企业还额外为您提供补充养老保险和商业医疗保险。

4. 薪酬保密制度是企业管理的重要原则，请不要向别人打探薪酬情况，也不要告诉别人您的薪酬情况。如果违反薪酬保密制度，企业可据此解除此聘用书或劳动合同关系。

5. 试用期间，无论您还是企业（经总经理签字）都可以在任何时间、以任何理由解除聘用关系，但需提前7日通知对方，转正后提前30日。

6. 企业将根据业务要求安排您在企业的其他办公地点或企业下属机构工作。

7. 如果您接受上述聘用条款和条件，请在收到该邀约函后3日内直接回复邮件，且在邮件正文粘贴《邀约回执》（附件1），并填写完整。如3日内未收到您的回复，本邀约函将视为无效。

8. 如果您需要进一步了解信息，请咨询招聘负责人：××先生，联系电话：×××××××××。

再一次向您表示欢迎，期待您的加入！

致敬！

聘用单位：××有限企业

2018年6月23日

附件1

邀约回执

本人____接受××有限企业《聘用邀约函》所述聘用条款，将于2018年7月1日至企业办理相关手续。若需要改变入职时间，本人将至少提前2日书面通知并与企业协商入职时间。

签名:__________身份证号码:__________

日期:__________

Offer（三）

聘用函

致：小F先生

由：××企业

题：《聘用函》（作为《劳动合同书》附件之一）

您好！

我代表×××企业，真诚邀请您加入我企业，您将担任技术部门工程师助理岗位的工作，工作地点为××。

1. 入职日期

您的正式上班日期为2018年7月8日，请您于当日上午10点至企业报到；届时企业人力资源与行政部人员将为您办理入职手续（地址为：北京市海淀区××路××号××大厦201-302室）。

2. 汇报对象

您的直接上级为技术部门工程师岗位××先生。

3. 薪资福利

（1）基本工资：试用期每月税前人民币6000元整；转正后每月税前人民币6500元整。实行五天八小时工作制，加班费每小时50元。

（2）浮动工资：即绩效工资，试用期每月税前人民币1200元整；转正后每月税前人民币3000元整。根据员工每月工作任务完成情况，由部门核定并计算员工当月绩效工资金额；具体工作目标由您的直接上级××先生确定。

（3）各项补贴：午餐补贴每月人民币500元整；通讯补贴每月人民币200元整（试用期和转正期）。

（4）各项福利：企业将按照国家规定为您缴纳五险一金，即养老保险、失业保险、医疗保险、工伤保险、生育保险及住房公积金（具体情况依国家及各地法律法规执行）；另外，每位转正后员工自转正次月起可提前享有5天年假。

4. 试用期与劳动合同

企业将与您签订《劳动合同书》，期限自2018年7月8日至2019年7月7日止，其中试用期1个月。

5. 体检

请您在接到本《聘用函》后，至当地二级甲等（含）以上医院或正规体检机构进行体检，并出具本人合格体检报告办理入职手续。体检项目需包含胸透、血常规、心电图、肝功能四项内容。

6. 办理入职手续所需材料

序号	材料名称	份数
1	与原单位解除劳动关系证明信（应届毕业生不需提供）	1份
2	一寸白底彩色照片	3张
3	身份证原件及正反面复印件（请印在一张A4纸上）	2份
4	毕业证、学位证（如有）原件及复印件	1份
5	二级甲等（含）以上医院的合格体检报告原件	1份
6	《社会保障卡》（即医保卡）/公积金卡复印件	1份
7	银行卡复印件（复印件上签上姓名与卡号）	1份

以上资料需在入职当日提交，否则不予办理入职手续；除身份证、毕业证、学位证的原件外，所有文件将作为企业资料进行存档，不予退回。

7. 其他事项

工资卡：企业统一使用“××银行借记卡/储蓄卡”作为工资卡发放工资，请您提前至××银行予以办理。

8. 聘用函确认

（1）如您同意接受本《聘用函》，请于2018年7月5日之前反馈《聘用函回执》，本《聘用函》须经双方签字且确认后方可生效。若您在规定期限内未提交《聘用函回执》，企业将视为您已放弃此聘用，本《聘用函》自动失效。

（2）如在入职前或办理入职手续时，发现您提供的信息不真实（包括离职证明、教育学历、个人简历、婚姻与生育状况、体检证明等）或背景调查不符合要求，此《聘用函》即刻失效。

企业盖章：　　　　受聘人签字：

日期：　　　　日期：

聘用函回执

受聘人声明：

本人已收悉企业发来的《聘用函》，同意上述聘用及相关安排。本人承诺与原单位不存在劳动关系，没有与原单位签署保密协议、竞业禁止等协议；同时承诺将按照《聘用函》的要求，按时到企业报到办理相关入职手续并对本《聘用函》负有保密义务。

受聘人签字： 签字日期：

当以上这三份 Offer 握在手中的时候，小 F 感到无比的开心和茫然。小 F 不知道该如何选择，是选择第一份 Offer 中的设计部门设计员，还是第二份 Offer 中的研发员，还是第三份 Offer 中的工程师助理呢？

对于小 F 的困惑，我给出了如下指导和解答。选 Offer 要从下图中的职位、企业、发展、待遇这四个维度进行选择。

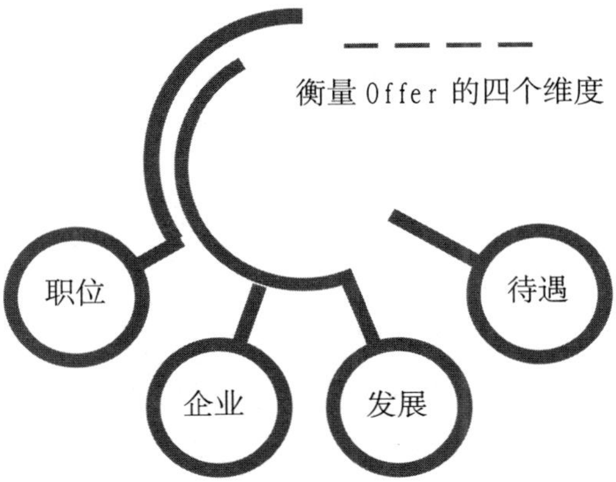

1．第一个维度：职位

衡量 Offer 的第一个维度是“职位”，应该优先选择与小 F 的求职定位一致的职位；其次是接受与小 F 的求职定位相关的职位。

这三份 Offer 中，第一份 Offer 中的职位是设计部设计员，第二份 Offer 中的职位是机械工程研发员，第三份 Offer 中的职位是技术工程师助理，这三份 Offer 中的职位都与小 F 的专业对口，同时，也是与小 F 的求职定位一致和求职定位相关的职位。

值得注意的是，我不建议应聘者选择与求职定位无关的职位。尤其是对于毕业生来说，当其他同学都拿到 Offer 时，心中不免有些着急，便选择海投，于是，面试通过某个企业时，由于带来了心理安慰，就不理智地选择与自己职业定位无关的职位。

2．第二个维度：企业

企业是什么，在百度中给出了明确的定义，企业主要指独立的营利性组织，并可进一步分为企业和非企业企业，后者如合伙企业、个人独资企业、个体工商户等。可以说，根据企业的定义，小 F 要选择的是一个企业性质的企业，且是一个正处于向上走的、朝阳的企业。

3．第三个维度：发展

这一个维度是和第二个维度相关联的，具体原因如下所示。

第一步：选择一个向上走的企业，拥有发展的空间。

第二步：在企业中实现个人成长进步。

第三步：在好企业的工作经历，对于今后职位上升或者选择新的企业有很大帮助。

所以如果有两家以上的企业，提供给你的岗位都符合你的求职定位，这种情况下你要对比两家企业，哪个更好、更适合你。

小 F 收到了三份不错的 Offer，比较三个企业的优势和自身的发展后，小 F 排除了第一份 Offer 中设计部设计员的职位，因为在面试过程中，小F得知，该企业的人员流动性较大，说明该企业在职员的个人管理方面存在一些问题。

4. 第四个维度：待遇

我所说的待遇不单单指工资的多少，还包括各种福利待遇，例如五险一金、提成奖励、加班待遇、周末双休或单休、是否享受法定假日等。这些都涉及员工权益和经济利益，所以要全面衡量待遇水平，而不能简单地看对方提供的月工资是多少。

因为，第一份Offer已经排除了，小F需要对比第二份Offer和第三份Offer的工资数额和福利待遇，再次进行选择。如下表所示。

● 第二份Offer和第三份Offer的工资数额和福利待遇对比 ●

	第二份Offer中的职位待遇	第三份Offer中的职位待遇
试用期工资	5500/月	6000+浮动绩效工资（1200）/月（税前）
转正后工资	5500+每月绩效浮动工资2000～4000	6500+浮动绩效工资（3000）/月（税前）
年终奖	根据企业业绩及制度发放	无
工时	五天八小时工作制，加班费另算	五天八小时工作制，加班费每小时50元
福利待遇（五险一金）	三险一金（受养老保险、医疗保险、失业保险、住房公积金）+额外的养老保险、商业医疗保险	养老保险、失业保险、医疗保险、工伤保险、生育保险、住房公积金
独立待遇（各项补贴）	工作午餐或午餐补助具体数额不知	午餐补贴：每月人民币500元整；通讯补贴：每月人民币200元整
福利待遇(年假）	无	转正后员工自转正次月起可提前享有5天年假

对比两份Offer的待遇，就两个职位的试用期工资而言，第三份的工资较高，且有浮动绩效工资和明确的午餐补贴和通讯补贴。

就转正后工资而言，两份 Offer 差不多，第三份 Offer 的基础工资较高。

就年终奖而言，第二份 Offer 有，而第三份 Offer 没有。

就工时而言，第三份 Offer 明确了每小时的加班费用，就福利待遇来说，第三份 Offer 有五险一金、午餐补贴和通讯补贴，第二份 Offer 是三险一金加额外的养老保险和商业医疗保险。值得注意的是，“五险一金”中的“五险”是法定的，而“一金”则不是法定的；第三份 Offer 转正后员工自转正次月起可提前享有 5 天年假。

在综合对比衡量之后，小 F 选择了第三份 Offer。

选定 Offer 后，小 F 又有了新的疑问，Offer 是否具有法律效力，企业发出 Offer 后是否能撤销?

8.3 口头 Offer 非正式 Offer

在回答小 F 的问题之前，我先解释一下什么是 Offer，通常来说，Offer 有以下两种含义。

第一种含义：对于申请国外学校的学生而言，Offer 可理解为学校的录取通知。

第二种含义：对于正在求职找工作的求职者而言，Offer 可以理解为企业的工作邀约，也就相当于聘用书。

Offer 的全称应该是 Offer letter。而所谓 Offer letter，目前还没有一个统一的中文译名，有人称之为“录取通知”，有人谓之“录用信”，也有人称为“邀约函”。

现在很多求职者都把自己接到企业的 Offer letter、电话等一类的通知统称为 Offer，反正被企业通知面试合格能够录用就说收到了 Offer。

口头 Offer 和正式 Offer 有什么区别呢?

口头Offer是指HR通过各种招聘途径已经确认应聘者符合企业招聘需求，给予应聘者一种结果反馈，没有法律效力，一般企业会在口头Offer之后的一周至两周内，发送一个正式的书面Offer。

正式Offer是指HR正式通过应聘者的应聘需求，邀约应聘者报道的正式聘书，具有法律效力。

为什么企业Offer具有法律效力？在另一层意思上，Offer可以被认为是企业向应聘者发出的签订劳动合同的请求。根据《中华人民共和国合同法》规定，受邀约人有理由认为邀约是不可撤销的，若是邀约人已经辞去了原先的职务并为履行合同作了准备工作的，邀约便不得撤销，如果企业一定要撤销，就必须承担因此给应聘者带来的损失。

所以，大部分企业在与应聘者正式签订劳动合同前，都会先发送一份正式录用的意向函，向应聘者阐述录用岗位（职位）、录取条件、薪酬待遇、入职时间要求等并限期答复，如果应聘者在有效期限内正式答复确认则构成邀约，当企业接到确认回执后就已经形成事实的法律关系，不能轻易改变Offer。

如果应聘者逾期答复，则企业失去录用约束（继续沟通另行发函确认除外）。既然小F最终选择了第三份Offer，就应尽快在约定时限内给予正式答复确认。

8.4 关注内涵：Offer的细则

小F选择了第三份Offer，但出于礼貌和尊重，小F应该先婉拒第一份Offer和第二份Offer。

小F可以通过电话、短信、邮件的方式进行拒绝，表达拒绝的时候要“先扬后抑”，也就是先表达对于企业的感谢，再耐心阐述自己不能去该企业的理由，最后再次进行道歉和感谢。

小 F 可以这样说：非常感谢贵企业能够录用我！贵企业的行业声誉和实力让我为之赞叹，但是，因为个人发展原因，我不能够任职该岗位，这里，我郑重地道歉，希望贵企业能理解我的决定。最后，祝您前程似锦，也祝愿贵企业蒸蒸日上。

拒接之后，我们再回到 Offer，一份 Offer 都应该包括什么内容呢？如下图所示。

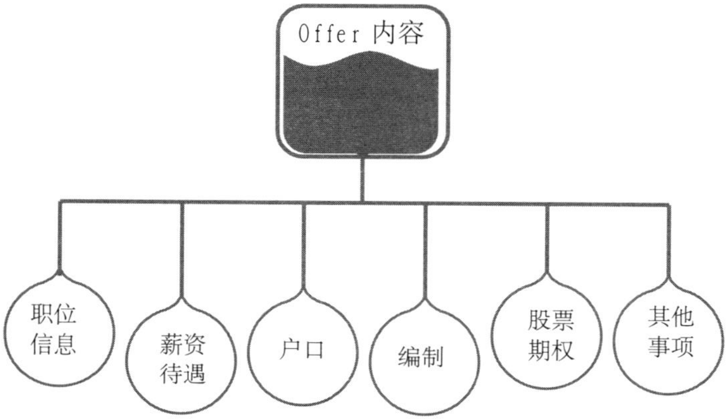

8.4.1 职位信息

Offer 中要明确如下职位信息：职位名称、所在部门、职位等级、岗位职责、汇报关系等内容。小 F 以及求职者的你需要仔细核对，确认 Offer 中的岗位是否与你申请的岗位一致，还要确认日后是否会有内部调动的情况。

大企业的岗位一般十分明确，大家各司其职，投递什么岗位就任职什么岗位，而有些中小企业，会一人担任很多个职位，比如人事部门除了管理人事部门的工作之外，还要监管企业物品采购等事务。

所以拿到Offer时，如果有不明确、不清楚的地方，一定要及时打电话询问。

8.4.2 薪资待遇

薪资待遇这部分内容，我在本章第二节中略有讲述，也就是薪资待遇包含了工资和奖金、津贴和福利。

这里我要提到的是毕业生们所关注的个人所得税的问题，当然小F可以不用考虑这个问题，因为小F的企业实行的是税后制。而将要找工作或者签Offer的你，要知道并不是所有的企业都执行这个制度。

8.4.3 户口

如果你的Offer和小F一样没有提及户口的事情，那么就说明你所在的企业不解决你的户口问题。

一般来说，你若是在二、三线城市工作，那你的户口相对比较好解决，但在以北京、上海为代表的劳动密集型地区，申请户口就很难。

除了事业单位、国企、央企比较容易解决户口问题外，其他企业较难解决。一些大型外企和民营企业，总部在当地的，属于缴税大户或者政府扶持的高新技术企业，也会提供一些户口名额。

你若是想通过工作来解决户口问题，就要多斟酌手中的这份Offer。

8.4.4 编制

小F的Offer中没有提及编制这一问题，编制对于有意向求职国企、事业单位等的你可是十分重要。

区分“编制内”和“编制外”两个词语的定义。

编制内，指事业单位正式签订员工，享有合法的劳动待遇。编制外是指签订定期劳动聘用合同，到期双方自由选择。

编制外招聘指招聘企业不给予被招聘人员编制，聘用，通俗的说法就是临时工。

而非编制人员的待遇和编制内人员待遇相差会比较大。

8.4.5 股票期权

股票和期权可以说是一种非常有诱惑力的福利。

如果你签 Offer 的企业是一家上市企业，而你的 Offer 和劳动合同中也明确写出你将拥有一定比例的股票或者期权，那么这个福利甚至可以在某一时间直接兑换成现金。

若你签 Offer 的企业是一家即将上市的企业，而你又幸运地签订了劳动合同，并拥有了一定比例的股票或者期权，一旦你所在的这个企业成功上市，你的股票和期权将可能为你带来巨大的财富。

但一般企业只会对关键性岗位职员给予股票或者期权，所以应届生能够拿到的机会并不多，这里就不多介绍，将来如果有机会成长为关键岗位职员甚至企业高管，自然会有更多的福利。

8.4.6 其他事项

除了上述的职位信息、薪资待遇、户口、编制以及股票期权之外，小 F 还要注意哪些方面呢？如下图所示。

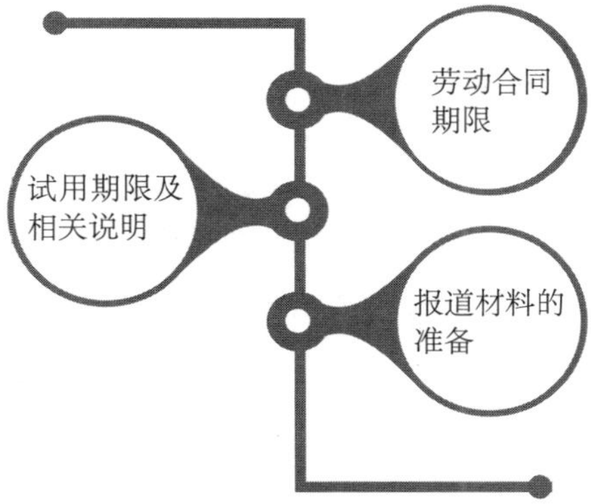

若是选定了Offer，就要仔细查看Offer中的试用期，以及试用期之内的薪资待遇和相关说明。

若是你的这份Offer中涉及劳动合同的相关内容，你就要和HR再次确认，了解了Offer之后，就可以按照Offer中的要求，着手准备材料与签约环节了。

8.5 把签约当作一种仪式

现在小F终于要签订Offer了，这个关键的时候，一定要加以重视，因为签约是找工作的收尾阶段。

8.5.1 签三方协议的你

若你是一名即将毕业的应届毕业生，手中正拿着一份三方协议，那么你该怎么签呢?

三方协议是《普通高等学校毕业生、毕业研究生就业协议书》的简称，它是明确毕业生、用人单位、学校三方在毕业生就业工作中的权利和义务的书面表现形式，能解决应届毕业生户籍、档案、保险、公积金等一系列相关问题。

协议在毕业生到企业报到（凭《全国普通高等学校本专科毕业生就业报到证》或《全国毕业生研究生报到证》）、用人单位正式接收后自行终止。

关于三方协议，你的辅导员会进行详细解释，但你可能还是不能十分理解它的作用。

从三方协议三方中的学生角度而言，意味着学生愿意到用人单位就业，并认可劳动合同的基本内容；从三方协议三方中的学校角度而言，意味着学校同意推荐该学生，同时作为后续派遣的证据所在；从三方协议三方中的用人单位角度而言，意味着企业愿意接收该毕业生到此工作，并经过企业上级主管部门和高校就业部门的同意和见证，具有法律效力。

至此，关于三方协议，你还应该知道下表中的几点内容。

三方协议的五点内容

第一点内容	每一位应届毕业生只有一套三方协议，每套一式四份
第二点内容	三方协议是在学校的见证下与用人单位协商签订的，是编制毕业生就业计划方案和毕业派遣的证据
第三点内容	三方协议中学生、学校、用人单位等三方面，相互关联，又相互独立
第四点内容	毕业生在三方协议书上签署个人意见之后，用人单位或者学校两方中的一方在该协议上签字之后，学生就不能单方面终止协议的签订
第五点内容	毕业生若要违约，需办理完与原企业的解约手续，将原协议交还给学校，再换取新的协议书

所以，应届毕业生签三方协议前，要认真查看用人单位的隶属，国家机关、事业单位、国有企业一般都有人事接收权。

民营企业、外资企业则需要经过人事局或人才交流中心的审批才能招收职工，协议书上要签署他们的意见才能有效。

同时，应届毕业生还要对不同地方人事主管部门的特殊规定有所了解。

8.5.2 你手中的报到证

现在我们所说的“报到证”是由原来的“派遣证”转化而来，是普通高等院校（普通全日制，也就是统招）应届毕业生到就业企业报到的凭证，也是毕业生参加工作时间的初始记载和凭证。

应届毕业生的报到证一式两份，一份是派遣证，另一份是报到证。

你毕业之后，派遣证将放入你的档案，直接发送到你的企业。你的档案属国家机密，不允许个人持有，若你的用人单位有档案保存资格，你的档案就会被送到企业，若你的用人单位没有档案保存资格，你的档案将会被放在人才市场内的档案保存处。

简单来说，报到证具有以下作用。

● 报到证的作用 ●

作用一	报到证是毕业生到企业报到的证明，用人单位会凭借毕业生持有的报到证为毕业生办理手续
作用二	当地公安局可以凭借报到证为毕业生办理落户手续
作用三	学校相关部门依据报到证为毕业生办理档案投递、组织关系转移和户籍迁移等手续
作用四	报到证是毕业生参加工作时间的初始记载和凭证，上面的日期是工龄的开始年限，与退休年龄和养老保险交纳年数都有关
作用五	报到证是毕业生报考公务员必备资料

即将毕业的大四学生在重视三方协议的同时，也一定要注意报到证的使用方法和重要作用，尤其是报到证的期限规定，即毕业后的两年时间内。

8.5.3 签 Offer 的小 F

Offer 是小 F 与企业双方的录用意向，但若此时，小 F 单方面违约了怎么办?

如果 Offer 中涉及违约金的问题，那么，企业与小 F 任何一方违约都要交纳违约金，可实质上小 F 的 Offer 中没有涉及违约金的问题，所以，小 F 不用交纳违约金。

小 F 还需要知道劳动合同与三方协议之间的区别。

区别一：劳动合同为两方主体，是用人单位与劳动者所签订的合同；而三方协议是三方主体。

区别二：劳动合同的签订时间是建立劳动合同时；而三方协议是在建立劳动关系前签订的。

区别三：劳动合同是对劳资双方履行劳动关系所产生的权利和义务进行的约定和规范；而三方协议是围绕建立劳动关系这个行为而对各方权利义务的约定。

熟悉了劳动合同与三方协议之间的区别之后，小 F 要做的就是努力工作，如果他在工作了一段时间后遇到了违约问题，该如何面对呢？

8.6 违约之前，你是否找准了人生的定位

出于各种原因，你没能在这家企业继续工作下去，因为已经签订了劳动合同，那么就不得不面对违约的情况。在必须要违约时，要分清自动离职与辞职的区别，还要处理好违约的相关事项，更重要的是，在违约之前是否找到了人生的下一步。

小 Y 就曾遇到过违约的情况，那是在小 Y 签订劳动合同的第五个月，因为想去朋友创办的企业，小 Y 采取了直接递交辞职报告就没去上班的方式。

不同于小 Y，因为想要更换行业，甚至是想要更换企业的小 X 选择的是辞职的方式。那么，对于小 Y 与小 X 的处理方式，哪个更加合理呢？

8.6.1 自动离职与辞职的区别

先来了解一下自动离职与辞职的区别。

自动离职的小 Y 在提交了辞职报告后就没有再去上班，这种自动离职，不算正式离职，因为小 Y 没有先打电话进行沟通，没有交接工作，自动离职后的工资结算问题也没有沟通。如果小 Y 没有因违法或者违约对用人单位造成重大损失，那么企业一般不会扣除小 Y 的工资，如果有则要承担责任。

对于正在打算自动离职的你来说，要注意若在自动离职时发生了不愉快事件，必要时可参照《企业职工奖惩条例》，如果没有任务差错或意外，那么员工不管是自动离职还是辞职，企业都应把工资算清结给员工。

根据上图所示，辞职是指劳动者向用人单位提出解除劳动合同或劳动关系的行为，正如小 X 一样。就一般情况而言，辞职有以下两种情况：

（1）依法立即解除劳动关系。如用人单位对职工有暴力或威胁行为强迫其劳动、不按合同约定支付工资等，职工可以随时向用人单位提出解除劳动合同的要求。

（2）根据职工自己的选择，提前30日以书面形式通知用人单位解除劳动合同关系。

小X属于第二种情况，根据签订的劳动合同中要求的，提前30以书面形式通知用人单位解除劳动合同关系。

8.6.2 处理好违约金相关赔偿

比较幸运的是，小Y与小X都没有涉及违约金的问题。

若是辞职之后，要向企业支付违约金，那么首先你要看看以下的法律规定。

根据《中华人民共和国劳动合同法》第二十五条规定：除本法第二十二条和第二十三条规定的情形外，用人单位不得与劳动者约定由劳动者承担违约金。只有在规定约定服务期的条件下才能约定由劳动者承担违约金。这是我国从法律上明确地规定劳动合同违约金的适用情况。

第二十二条：用人单位为劳动者提供专项培训费用，对其进行专业技术培训的，可以与该劳动者订立协议，约定服务期。

劳动者违反服务期约定的，应当按照约定向用人单位支付违约金。违约金的数额不得超过用人单位提供的培训费用。用人单位要求劳动者支付的违约金不得超过服务期尚未履行部分所应分摊的培训费用。

用人单位与劳动者约定服务期的，不影响按照正常的工资调整机制提高劳动者在服务期期间的劳动报酬。

第二十三条：用人单位与劳动者可以在劳动合同中约定保守用人

单位的商业秘密和与知识产权相关的保密事项。

对负有保密义务的劳动者，用人单位可以在劳动合同或者保密协议中与劳动者约定竞业限制条款，并约定在解除或者终止劳动合同后，在竞业限制期限内按月给予劳动者经济补偿。劳动者违反竞业限制约定的，应当按照约定向用人单位支付违约金。

不符合以上规定的是不能在合同中约定违约金的。所以大多数情况下，你只要按照程序去辞职就不用支付违约金。

8.6.3 有时候方向比努力更重要

已经找到方向的小Y，将要去朋友开创的企业工作。小X却没有这么幸运，想要更换行业的他还在寻找方向。

这让我想起了一个同学的经历和困境，大致情况如下图。

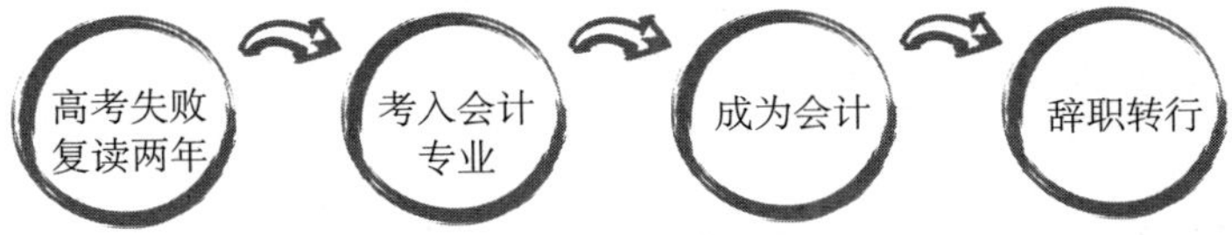

详细情况是：因为没有被录取到报考院校的热门专业会计学专业，又不愿意服从调剂，导致高考失利。之后，她读了两年复读班，终于以高分挤进了报考热门的会计学专业，辛辛苦苦学了四年，刚从大学毕业，就去了本地的一家大企业做实习生，可当实习结束时，原本可以留在企业的她，却不想做会计了。

她的父母不明所以，辛辛苦苦地复读不就是为了成为会计？怎么即将要到最后一步的时候，突然停止了呢？

她说，她一直就为了成为会计而努力，她发现做会计并不能使自己感到快乐和获得成就感，仿佛身上还有某种压力，一直束缚着她。

前段时间，她接触了互联网设计，一瞬间似乎得到了某种解脱，甚至是某种归属感，所以，她想转行。可是，辞职时，因为事发突然，又是在最忙的时候，所以她支付了一定的违约赔偿金之后，终于走出了那个束缚她的职位。

她认为她是幸运的，在互联网行业做了不久，便有了很大的进步，更重要的是，她整个精神状态特别饱满。

我也认为她是幸运的，虽然没有从事一个稳定的职业，但是她终于找到了自己想要的那条路，并且十分勇敢地做出了决策。

而正在离职的你，是否也找到了自己想要的那条路呢？

或者说，你早已做好了遵循别人脚步的准备，在别人走过的脚印中低头彷徨着，只看得见前方的脚印和别人的身影，却看不见属于你的那份光明和方向。

很多应届毕业生所欠缺的就是方向，没有方向的努力和勇气什么也不是，所以，在确定离职之前，想好自己的下一步，并转变好从学生到职场新人的心态。

★★★英文 Offer 早知道

除了中文 Offer 之外，在外企、中外合资等企业，还有英文等其他语言的 Offer，以下列举一个英文 Offer。

7th/Feb./2018

Offer Letter

Mr.xx：

We are pleased to inform you that × × Co.Ltd. wish to Offer you the position of Project Manager. You will be responsible for overall quality performance of assigned projects to meet and exceed client expectation for on–time delivery and quality, and play an integral role of the coordination among departments, suppliers and clients.

Your employment with ×× Co.Ltd. will commence on (dd/mm/yyyy). The first six months shall be the probationary period.

Your monthly gross salary will be ¥xx,xxx before deduction of individual income taxation. The company will be responsible for withholding. your Individual Income Tax as long as your chargeable tax is derived from our employment.

You will be entitled to 14 days annual vacation after completing your first calendar year of employment. In subsequent years, one additional day of annual leave will be granted cumulated per service year,subject to a maximum of 18 working days of annual leave. We also provide you 14 days sick leave with full pay per year in case you have to be absent due to physical discomfort or medical appointment after you get confirmation of employment.

We take great pleasure in Offering you this position and look forward to working with you. Please sign one copy of this letter and return it to me as your acceptance of this position.

Sincerely yours,

Molly Chen

Recruiting Supervisor xxx

I hereby accept the position as Offered.

____________________ ________________

name date

Please prepare these things below before you join in,

5 of one inch color photo.（彩色一寸相片 5 张）

Original and Copy of Passport.（护照原件及复印件）

Original Education Certificate & Other Skill Certificate.etc.（学历证明和其他资格证明原件及复印件）

Employment Termination Certificate with the last employer.（离职证明）

Health Check Certificate.（体检报告）

第 9 章

职场新人，你准备好了吗

职场并非舞台，职场中需要的是合作而不是争当主角。适当的时候可以露露锋芒，展示一下自己的立场和态度，但大多数时间，还是应该韬光养晦。

好的开始和好的结束，才是完美工作的写照，但这个过程是你转变角色、提高能力不可缺少的一部分，更是全面提升自己、精确人生定位的关键时候。

9.1　从学生到职场人的角色转变

从大学生到职场新人，是一个社会角色的改变，这个过程中，最重要的就是心态的转变。这里，我从大学生和职场新人两个角度来分析。

从学生的角度来说，学校与辅导员都在给你提供帮助和服务，比如安排课程、安排宿舍、义务解答各种问题。

到了社会上，通过你的付出，企业要付给你薪酬，你要帮企业解决问题，这就是你服务于企业而不是企业服务于你。

弄清了学生和职场人的区别之后，就要转变自己的心态了。

9.1.1　心态的转变

心态的转变需要在工作中与实习培训中慢慢过渡。

从国内企业的现状来看，我认为企业员工至少有30%的工作经验或工作成长来源于培训，还有70%来源于经验和实践，在实践过程中，就是转变心态的过程。

大部分职场新人都会认为企业可以为我出资进行培训，或者直接对我进行培训，我可以从培训中转变心态，但是很多有经验的职场人士认为，靠企业的培训来转变心态，还不如自己先投入学习和工作中，抓住学习的机会，在工作中转变心态。

比如，企业中的行政人员，一般要负责办公室日常办公制度维护、管理，各部门办公后勤保障工作，负责全体办公人员（各部门）的日常考勤记录，负责在企业未建立人力资源部门之前，建立初步的人事管理制度，并履行人事管理职责，处理企业对外接待工作等内容。

在负责建立人事管理制度时，因频繁接触人事部成员，就有很多学习的机会。我们知道，行政人员的工作是按部就班的，时间较为充足，并不是说在这充足的时间内就可以清闲度日，而是应该在空余时间多学习行政工作的内容，从体验不同的工作中转变自己的心态。

比如，你想要成为一名厨师，你的专长是粤菜，那么，其他菜系的做法在厨房就不会有人来教你，很多厨师会在下班之后留下来，花时间去学习，即使不能将其他菜系变成专长，也可以增加一项手艺，从学习不同的厨艺中转变自己的心态。

所以，就像企业行政人员和饭店厨师一样，需要从工作中转变心态，不断学习、观察，及时总结经验，使自己尽快成为一名真正的职场人。

9.1.2 八小时，真的很重要吗？

很多应届毕业生在成为职场新人之后，都难以接受“加班”这两个字，更无法接受“无偿加班”这四个字。

我们看小 Y 和小 X 曾经是如何对待加班的。

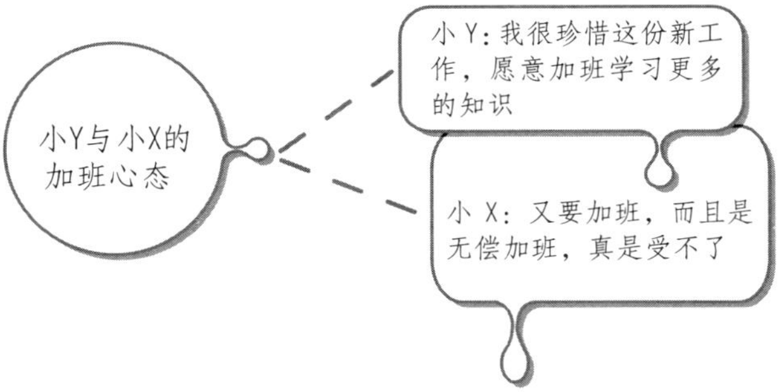

如果你和小X是一样的心态，那么，你应该转变一下了。身为职场新人，你要从被动学习改为主动学习。

主动学习与被动学习，很有可能会产生两种不同的结果：第一种可能，三年之后你成了主管；第二种可能，三年之后你还是员工。

一个是主管，一个是员工，可见，差距是通过学习来拉开的。我经常和我的员工说，企业给了你八小时的费用，你可能并不会八小时都在工作。从公平角度讲，你能接受八小时之间去做别的事情，那八小时之外你就不能接企业一个电话吗？

一般企业不会要求每天加班，当有特殊情况时，则需要加班。但是，被动加班和主动加班有很大区别，被动加班是企业的要求，主动加班是你的意愿。

综合来说，从学校到职场，不适应、无名的失落和惆怅都很正常。如果你刚刚参加工作就有辞职的冲动，一定要用理性战胜冲动，先问问自己：失落和惆怅到底来自哪里？是不是应该多适应一段时间后再决定是否离开。

进入职场，必然会有一个适应期，人在适应期的时候对自我的期望较高，压力较大，很容易出现心理失衡，此时要积极努力，从浮躁的心态中走出来，尽快进入符合企业要求的职场人状态。

9.2 职场心理学：企业中的职场心理原则

从大学毕业到进入职场，每一位职场新人都需要经历比较大的角色转变，对于职场生活有些难以适应，不知所措。这里，作为职场新人的你、小X和小Y，在努力充实自己的同时，也要懂一些职场心理学，如下表所示。

职场心理学之四大原则

原则一	首因效应
原则二	跷跷板互惠原则
原则三	白金法则
原则四	刺猬法则

在下文中，我将详细介绍这四点。

9.2.1 首因效应

首因效应是指最初接触到的信息所形成的印象对人们以后的行为活动和评价的影响。人与人第一次交往给对方留下的印象，在对方的头脑里形成并占据着主导地位，这种效应即为首因效应。

可以说，在你与新同事初次见面的时候，你们的脑海中在45秒内便对彼此产生了第一印象，这个印象会在日后占据着主导地位。

倘若你在对方的第一印象中，是一个不好的印象，那么很可能以后就是花上十倍的努力，也不容易消除这个印象带来的影响。

所以，你要在第一印象上下工夫，力争给对方留下最好的第一印象。

9.2.2 跷跷板互惠原则

跷跷板互惠原则是你在同事、朋友、夫妻之间相处时，不可缺少的一门艺术。其本质就是互相交换的过程，互相满足对方的需要。

工作中与同事之间和谐相处就是付出和收获平等，一旦交换不平衡就会造成失衡。可以说，职场中的你与其他同事之间的互动，就如同在坐跷跷板，整个过程就是高低交替，帮助别人的同时也接受别人的帮助。

若是你因为种种原因坐在了高高在上的位置，却没有把你的一碗水端平，也就是你与同事相处不融洽，你的跷跷板就是处于失衡的状态。

而能够避免这种失衡的方法就是互惠互利。

9.2.3 白金法则

白金法则是美国具有影响的演说家之一、商业广播讲座撰稿人托尼·亚历山德拉博士提出的，用一句简单的话来概括就是：你尊重对方，对方自然会尊重你。

白金法则有以下三个要点。

第一个要点：行为合法，不能要什么给什么，做人做事都要有底线。

第二个要点：交往应为对方考虑，我们要尽量满足对方的需求。

第三个要点：对方的需要是基本的标准，而不是说你想干什么就干什么。

因为平等永远是相对的，在工作中，你首先要尊重你的领导和同事，才能得到你的领导和同事对你的尊重。

所以，记住上述三个要点，学会尊重他人，尊重自己。

9.2.4 刺猬法则

什么是刺猬法则?

有一个十分有趣的现象，即在寒冷的冬季，两只困倦的刺猬因为寒冷而拥抱在一起，但是，无论如何它们都睡不舒服，因为它们各自身上都长满了刺，紧挨在一块就会刺痛对方，反倒睡不安宁。因此，两只刺猬就离开了一段距离，可是又实在冷得难以忍受，就又抱在了一起。折腾了好几次，最后它们终于找到了一个比较合适的距离，既能够相互取暖又不会被扎。

刺猬之间的距离，也就是在人际交往过程中的心理距离。

在职场中，新人应该保持好与同事之间的安全距离，尊重差异，尊重别人的隐私。

学会了职场心理学的原则之后，你、小 X 和小 Y 就要熟知职场的生存法则并处理好职场中的人际关系了。

9.3 玩转职场生存法则，收获工作正能量

不同于职场心理学，职场生存法则可以说是一个外在的修炼，只有修炼好这个外在的东西，才能帮助职场新人弄懂人际关系。

无论你正处于一个什么样的职场，你都会遇到形形色色的同事，这些同事各有各的优秀，各有各的锋芒，在了解职场生存法则之前，请先了解一下身边伙伴有哪些类型。

1. 有德无才型

有德无才型的同事应该是你身边数量最多的，他们有善解人意、通情达理的性格，可是会经常出现小错误，甚至还会在不经意之间犯下大错误。

若你身边有这样的同事，你千万不要跟随，不要以为那些貌似无害的小错误无伤大雅，殊不知久而久之他们会给你带来大麻烦。

2. 无德无才型

无德无才型的同事能力不足，腹黑有余，表现在外就是见不得别人好，最擅长在背后八卦，遇到问题惯性推脱责任，各种矫情。

若你身边有一个这样的同事，你应该有多远离多远，以免身受其害。

3. 无德有才型

无德有才型的同事大部分具备着某项特长和专长，他们有强烈的表现自己的欲望，所以，对于这类人而言，在部门中经常争吵是正常现象，这类同事遇到问题时，更倾向于选择“硬碰硬”的处理模式，生活中也会如此。

面对这样的同事，即使你再配合、再谦卑还是会有摩擦。必需要与他们合作的话，最好的办法就是尽量避免直接冲突。

4. 有德有才型

有德有才型的同事，性格通情达理、善解人意，同时，有知识有能力，这种类型的同事大部分是企业中的骨干或者是有望成为骨干的人。

有德有才的同事实在是不可多得，每个企业都会有这种类型的伙伴，你可以与他们多交流、多学习。

可以说，人际关系是职场中一项重要的必修课，每家企业都有不同的工作氛围，身处其中的你、小X和小Y，不要轻易试图改变他人，而是要做好自己。

★★★史蒂夫·乔布斯的用人黄金法则

若你已经熟知了职场生存法则，那么，我希望你能够参照史蒂夫·乔布斯的用人法则，运用互逆思维，不断提高自己的能力和潜力，全力以赴地对待自己的工作，努力成为行业顶尖人才，并通过史蒂夫·乔布斯用人黄金法则的考验。

史蒂夫·乔布斯——苹果公司联合创办人。

史蒂夫·乔布斯曾说："我过去常常认为一位出色的人才可顶两名平庸的员工，现在我认为能顶50名。我大约把四分之一的时间用于招募人才。"

那么，史蒂夫·乔布斯都有哪些用人的黄金法则呢?

法则一：故意刁难面试者

乔布斯介绍他的面试策略时谈到：在面试过程中，我会多次故意刁难面试者，例如批评他们以前的工作。

当然，事先我会看一些相关资料，了解他们之前的工作情况。我批评他们的工作，会令他们心烦意乱："你的工作毫无价值，你为什么要从事那项工作呢？”我想看看他们如何应对我的批评，他们感觉到压力时会有何反应，他们会屈服还是据理力争，他们是否具有坚定的信仰，是否为自己曾经做过的事感到自豪。

法则二：对付顶尖人才只有更极端

乔布斯谈他的用人之道时说：“我的工作不是去取悦别人。我的工作就是把我手下这些出色的人才召集起来，鞭策他们，让他们做得好上加好。对付这些自命不凡的人，有什么招数呢？我会采取更为极端的手段。”

法则三：帮助员工快速行动

乔布斯1981年启动麦金塔计划时与一位苹果公司员工赫茨菲尔德进行了一次谈话，其内容如下。

乔布斯问赫茨菲尔德：“你究竟参不参加麦金塔电脑小组？”

赫茨菲尔德说：“可以，我有这个想法，不过现在我感觉待在苹果公司了无趣味。史蒂夫，我可能要离开公司，瑞克被解雇让我心里不痛快，这种做法是不对的！”

乔布斯快刀斩乱麻道：“那很好，来啊！你马上就能着手工作了！”

“什么？”

“我是说，你搬过来，从今天起就可以为麦金塔电脑小组工作了！”

“好吧，再等一下，我还必须处理点事情，大概需要几个星期才能完事！”

“不行！我需要你立刻行动！”乔布斯干脆将赫茨菲尔德桌上的电脑关掉，拔掉电源插头，然后抱着整台电脑，嘴里说：“来，现在我就送你过去，如果还需要什么东西，晚些再回来拿！”

法则四：开除不合格的人

乔布斯 1995 年接受媒体采访谈到“开除那些能力不济的人真是一件痛苦的事，但这就是我的工作：发现笨蛋，并将他们开除。我一直都非常讨厌以仁慈的方式做这件事。不管怎么样，这是我必须做的事，尽管这从来都不好玩。”

法则五：潜力是被逼出来的

在 1998 年苹果公司服务支持部门的一次会议上，乔布斯径直走了进来，将在场的所有人批评了一番：“服务业务在我们公司糟糕透顶。这群业务人员全都没长大脑。”

会议室内的人员都被乔布斯这番话吓呆了。负责服务部门的副总裁杰夫向乔布斯讲述了自己为期三个月的改革计划。

乔布斯冷冷地回应说：“杰夫，那可能是你在惠普的工作方法，我不要三个月，我希望一夜之间就能改变。”

法则六：全力争取 A 级人才

乔布斯在 2001 年开设苹果专卖店时接受《财富》杂志的采访谈到：

“拥有出色的才人，是企业的一大竞争优势。这一优势能让企业超越竞争对手。

这或许不是一件容易的事，但如果能够找到顶尖高手，对我们而言就轻而易举了。因此，接下来，我开始打听当时最优秀的零售经理是谁。许多人向我推荐米勒德·德雷克斯勒，他当时正负责经营美国时装品牌 GAP。”

法则七：马拉松式的周一例会

乔布斯在 2008 年接受《财富》杂志的采访时谈到：

“当你招到了真正优秀的人才时，你就必须让他们分担一部分业务，并且充分放权。这并不意味着你从此不闻不问。你招他们进来就是为了让他们做事。

我希望他们能够做得比我出色。要做到这一点，就必须让他们了解所有事情，而不仅仅是他们管辖的业务，还要包括整个企业的方方面面。

所以我们每周一会做的事情就是回顾整个企业在过去一周的运营情况。我们浏览上一周的销售情况，审查每一件正在出售的产品，包括那些出现问题的产品、供不应求的产品与所有正在开发中的产品，我们都会讨论。

苹果公司并没有太多的流程，周一例会，是为数不多雷打不动的事情之一。这么做是为了让大家充分了解企业的情况。”

法则八：选错人就会满盘皆输

乔布斯在 2008 年接受《财富》杂志采访曾谈到：“如果要招一个真正的资深人士，那么此人能否胜任就像是一场赌博。他们必须非常聪明。但我最大的担忧是，他们会爱上苹果公司吗？如果他们爱上了苹果公司，那么所有事情就会迎刃而解。他们会把苹果公司的利益摆在第一位，而不是首先关注个人利益、史蒂夫的利益或者其他某个人的利益。”

“招聘绝非易事，就像是大海捞针一般。我这辈子经手的招聘人数大概在 5 000 以上。我对待此事的态度非常认真。你无法在一个小时的面试里了解足够多的信息。

所以说到底，你只能凭借直觉做出选择。我对这个人印象如何？他们在面对挑战时会如何反应？我会问每个人：‘你为什么来这里？’我找的并不是答案本身，而是他们给出答案的方式。”

从史蒂夫·乔布斯的用人法则中可以看出，苹果公司之所以能成为世界 500 强企业，很大一部分原因是拥有一批人才型的员工，和一个优秀的领导团队。

后　记

结束，其实是另一个开始

关于找工作，本书告诉了你应当如何写简历，怎样去面试，但是，实践还是需要靠你自己。如果你花费了几个月或者半年的时间，找到了一份令你满意的工作，那么，我要恭喜你，你第一步成功了，你将踏入人生新的旅程，你将开启你的职业生涯。

但，这并不是结束，因为你的职业生涯才刚刚开始，你的精彩人生也才刚刚开始。

你可以把你的职业生涯当作一段旅程，在这段旅程中，请重视你的每一份工作，因为这是你塑造自己的重要阶段，是打磨自己的黄金时期，你要学习积极的工作态度、正确的工作方法、友善的待人方式，等等。

经过打磨之后，你会发现你拥有强大的自我、巨大的抗压力，更重要的是，你拥有了良好的专业技能和职业精神，这些，都能为你今后的发展打下坚实的基础，会引导你在未来的各种抉择中做出明智且正确的选择。